CONFESSO QUE PERDI

JUCA KFOURI

Confesso que perdi
Memórias

Copyright © 2017 by Juca Kfouri

Grafia atualizada segundo o Acordo Ortográfico da Língua Portuguesa de 1990, que entrou em vigor no Brasil em 2009.

Capa
Rodrigo Maroja

Foto de capa
© Renato Parada

Caderno de fotos
Claudia Espínola de Carvalho

Preparação
Márcia Copola

Checagem
Érico Melo

Revisão
Jane Pessoa
Márcia Moura

Dados Internacionais de Catalogação na Publicação (CIP)
(Câmara Brasileira do Livro, SP, Brasil)

Kfouri, Juca
    Confesso que perdi : Memórias / Juca Kfouri. — 1ª ed. — São Paulo : Companhia das Letras, 2017.

ISBN 978-85-359-2973-7

1. Futebol – Brasil 2. Futebol – Brasil – História I. Título.

17-06679   CDD-796.3340981

Índice para catálogo sistemático:
1. Brasil : Futebol : História   796.3340981

[2017]
Todos os direitos desta edição reservados à
EDITORA SCHWARCZ S.A.
Rua Bandeira Paulista, 702, cj. 32
04532-002 — São Paulo — SP
Telefone: (11) 3707-3500
www.companhiadasletras.com.br
www.blogdacompanhia.com.br
facebook.com/companhiadasletras
instagram.com/companhiadasletras
twitter.com/cialetras

Para Luiza e Julia

Sumário

Abreviaturas e siglas 9

1. A primeira Copa a gente nunca esquece 13
2. A Máfia da Loteria 33
3. Duas derrotas: Diretas Já e Democracia Corinthiana 42
4. A vingança francesa e a de Montezuma 54
5. Fundamos a Premier League. Que afundou… 69
6. Castor de Andrade, Collor e Maluf 76
7. O Brasil perde mais uma Copa, e a morte de
   João Saldanha 89
8. Minha vida de *Playboy* 96
9. Virada de *Placar* 108
10. O Rei, escondido, vira ministro................................ 122
11. Olha lá, na *Placar* 130
12. Não luto e luto 142
13. Novo século, novos tempos, velhas lutas 158
14. A Copa desprezada de Zinedine Zidane 168
15. O Timão cai, sobe, e a Seleção desmorona 176

16. A Fifa, seus chefões e chefinhos 184
17. A Copa do Mundo não é nossa 192
18. Santa Filomena 206
19. Três Olimpíadas inesquecíveis 214
20. Sócrates, um capítulo à parte 227
21. Collor, FHC, Lula, Dilma e eu 233

Epílogo: Confesso que perdi 243

Créditos das imagens 247

Abreviaturas e siglas

ABC	Região dos municípios de Santo André, São Bernardo do Campo e São Caetano do Sul, em São Paulo
Adin	Ação Direta de Inconstitucionalidade
ALN	Ação Libertadora Nacional
Ambev	Companhia de Bebidas das Américas S.A.
APCA	Associação Paulista dos Críticos de Arte
Arena	Aliança Renovadora Nacional
BBC	British Broadcasting Corporation
BNDES	Banco Nacional de Desenvolvimento Econômico e Social
CBD	Confederação Brasileira de Desportos
CBF	Confederação Brasileira de Futebol
CBN	Central Brasileira de Notícias
CEF	Caixa Econômica Federal
CIP	Congregação Israelita Paulista
CND	Conselho Nacional de Desportos
CNT	Central Nacional de Televisão
COB	Comitê Olímpico do Brasil
COI	Comitê Olímpico Internacional

Conar	Conselho Nacional de Autorregulamentação Publicitária
CPI	Comissão Parlamentar de Inquérito
CPOR	Centro de Preparação de Oficiais da Reserva
DC	Democracia Corinthiana
Dedoc	Departamento de Documentação da Editora Abril
DEM	Democratas
DOI-Codi	Destacamento de Operações de Informações — Centro de Operações de Defesa Interna
Dops	Departamento de Ordem Política e Social
ESPN	Entertainment and Sports Programming Network
FBI	Federal Bureau of Investigation
Fifa	Federação Internacional de Futebol
FPF	Federação Paulista de Futebol
GP	Grande Prêmio
IBGE	Instituto Brasileiro de Geografia e Estatística
Incor	Instituto do Coração da Universidade de São Paulo
ISL	International Sport and Leisure
JG	*Jornal da Globo*
JN	*Jornal Nacional*
MFS	Movimento de Fortalecimento do Sindicato dos Jornalistas de São Paulo
MP	Medida Provisória
NBA	National Basketball Association
ONU	Organização das Nações Unidas
PC	Partido Comunista
PCB	Partido Comunista Brasileiro
PCdoB	Partido Comunista do Brasil
PDT	Partido Democrático Trabalhista
PFL	Partido da Frente Liberal
PM	Polícia Militar
PMDB	Partido do Movimento Democrático Brasileiro

Profut	Programa de Modernização da Gestão e de Responsabilidade Fiscal do Futebol Brasileiro
PSB	Partido Socialista Brasileiro
PSDB	Partido da Social Democracia Brasileira
PT	Partido dos Trabalhadores
PTB	Partido Trabalhista Brasileiro
PUC	Pontifícia Universidade Católica
QG	Quartel-General
RH	Recursos Humanos
SBT	Sistema Brasileiro de Televisão
STF	Supremo Tribunal Federal
SUS	Sistema Único de Saúde
Tuca	Teatro da Pontifícia Universidade Católica de São Paulo
TVA	Televisão Abril
Unicamp	Universidade Estadual de Campinas
UOL	Universo Online
UPI	United Press International
USP	Universidade de São Paulo
UTI	Unidade de Terapia Intensiva
Varig	Viação Aérea Rio-Grandense
VPR	Vanguarda Popular Revolucionária

1. A primeira Copa a gente nunca esquece

Estou sentado numa confortável poltrona do avião da Varig com destino a Sevilha e escala em Madri.

A Copa do Mundo de 1982 é o objetivo, e uma sensação de quase euforia me invade quando ouço o aviso da decolagem.

Quantas pessoas não gostariam de estar no meu lugar? Quantas não pagariam para curtir uma Copa? Pois eu estava indo com tudo pago, teria o salário religiosamente depositado no dia 1º e no dia 15 e outra vez no dia 1º, ficaria em hotéis decentes, almoçaria e jantaria (nem sempre, nem sempre) à custa da Editora Abril, que mais poderia querer?

Seria minha primeira Copa in loco, aos 32 anos, diretor de redação, desde 1979, da *Placar*, então A (com maiúscula mesmo) revista semanal de futebol do país. Só me beliscando para ver se era verdade.

O futebol estava na minha vida desde sempre, tanto que minha primeira memória nítida é a decisão do Campeonato Paulista de 1954, o do IV Centenário de São Paulo, acontecida em fevereiro de 1955, um mês antes de eu completar cinco anos.

O Corinthians empatou 1 a 1 com o Palmeiras, tornou-se o Campeão dos Centenários, pois tinha vencido o campeonato dos cem anos da Independência, em 1922, e meu pai nos levou, meus dois irmãos mais velhos, Cacalo e Beto, e eu, para comemorar no Parque do Ibirapuera, recentemente inaugurado.

Ah, sim, se você não sabe, sou corintiano, uma das melhores heranças que o velho Carlos nos deixou, além da obsessão pela retidão, promotor de justiça que era. Cresci ouvindo-o contar histórias do Corinthians, a cujos jogos sempre ia levado pelo seu Antônio, um português que era dono da mercearia vizinha à casa de meu pai. Quando o juiz entrava em campo, seu Antônio gritava:

— Ladrão, ladrão!

As pessoas em volta estranhavam, o jogo nem havia começado. E ele:

— É pra sabeire, é pra sabeire!

Herdei do velho Carlos, também, a admiração pelo camisa 7, meu número preferido, Cláudio Christóvam de Pinho, chamado de Gerente porque comandava o time como se fosse um armador.

Conheci Cláudio por acaso, no Morumbi, no meio de um jogo qualquer, dois anos antes de sua morte. Ao vê-lo, fiz questão de abordá-lo e dizer o quanto gostava dele, acrescentando que meu pai me aconselhava a comer agrião porque "o Cláudio leva agrião no bolso do calção".

Levei anos para me tocar que o calção dos jogadores não tem bolso, mas, humilde, o Gerente olhou para mim e disse:

— Que bom, pra alguma coisa eu servi.

Cláudio é até hoje o maior artilheiro do Corinthians, com 305 gols.

Trocamos telefone, ele vivia em Santos, e nos falávamos de vez em quando.

Cláudio era sinônimo do Corinthians vencedor, situação invertida depois do título de 1954 até 1977, período do longo jejum alvinegro, terminado num 13 de outubro, no Morumbi, gol de Basílio, o Pé de Anjo, aos 37 minutos do segundo tempo.

Quando me perguntam quem eu gostaria de ser se não fosse eu, corrijo a pergunta e respondo que gostaria de ser o Basílio, não de ser eu. Explico por quê.

Pense num menino corintiano acostumado a ouvir histórias sobre as façanhas de seu time, o qual, no entanto, nunca consegue ser campeão, enquanto o São Paulo era, em 1957, e Santos e Palmeiras se revezavam, mais a equipe praiana que a alviverde, com timaços.

Imagine um adolescente corintiano que, entre 1957 e 1968, nem sequer vira uma vitória contra o Santos.

Reflita sobre um adulto corintiano que, em 1974, com 24 anos, testemunhara o vigésimo ano sem títulos, na derrota para o Palmeiras por 1 a 0 que, além de tudo, decretou a saída do melhor jogador da história alvinegra, o injustiçado Roberto Rivellino, campeão mundial pela Seleção em 1970.

Já chefe de reportagem da revista *Placar*, eu estava no meio da torcida naquela noite de 1977. Vi o gol de Basílio e nada mais, uma vez que os olhos embaçaram. Lembro de um jovem de uns quinze, dezesseis anos, perguntar se eu estava me sentindo mal e de responder que nunca tinha me sentido tão bem.

Não sei como, mesmo, fui parar no gramado do Morumbi, com uma bandeira na mão, bandeira que não levara ao estádio e não me recordo de ter comprado.

Lembrei, então, que havia prometido ir buscar minha mulher Ledinha, do segundo casamento, em casa se o Corinthians fosse campeão, para irmos ver o trio elétrico Tapajós, que a *Placar* trouxera da Bahia para a festa da vitória.

Liguei o rádio do carro e mudei de estação, porque Osmar Santos declamava algo como "o que será que você me dá, Corinthians", apropriando-se da letra de "À flor da terra", de Chico

Buarque, composta um ano antes para o filme *Dona Flor e seus dois maridos*, o que me despertou uma enorme vontade de chorar.

Troquei para a Bandeirantes, onde Fiori Gigliotti chamava Mauro Pinheiro, o Senador, para seus comentários. Melhor teria sido desligar o rádio.

Mauro começou mais ou menos assim:

— Antes de falar do jogo, da festa, quero mandar um abraço ao jovem jornalista, chefe de reportagem da revista *Placar*, Juca Kfouri, que deve estar enlouquecido em algum lugar do estádio.

Eu passava em frente ao Hipódromo de Cidade Jardim; subi na ilha que separa as duas mãos da avenida, e chorei de alegria todos os prantos inconformados dos tempos de criança.

Quando, digamos, voltei a mim, era tarde para ir atrás do trio elétrico, embora já pudesse morrer. Peguei minha mulher e fomos à cantina Gigetto, que ficava aberta madrugada adentro e era frequentada pela classe teatral.

A paixão pelo futebol pautou minha infância e adolescência, a ponto de eu fazer um arquivo das coisas do Corinthians, do Pelé, de basquete, que joguei à vera dos catorze aos dezoito anos no Club Athletico Paulistano, dois anos como infantil, mais dois como juvenil e uns poucos meses na categoria principal, abandonada depois de uma derrota para o Corinthians de Amaury Pasos, Wlamir Marques, Ubiratan, Rosa Branca, todos bicampeões mundiais em 1963.

Tenho recortes com fotos de Pelé atuando como goleiro pelo Santos contra o Grêmio, numa tarde, no Pacaembu, em que Gylmar dos Santos Neves, melhor goleiro da história do nosso futebol, bicampeão mundial pela Seleção e pelo Santos, foi expulso de campo.

Embora eu sempre tenha sido corintiano, o Santos teve grande importância em minha adolescência, porque era impossível gostar de futebol e não gostar do Santos. Devo àqueles jogadores vestidos de branco muitas alegrias e, ao menos, dois anos de vida saudável.

Comecei a fumar muito cedo, aos doze anos. Surpreendido com um cigarro na boca por meu pai, um fumante moderado que apreciava, às vezes de olhos fechados, o prazer da nicotina, ouvi dele um conselho, não uma bronca:

— Não posso impedir que você fume, porque também fumo. Mas não faz bem, ainda mais para quem quer ser jogador de basquete. E prefiro que você fume na minha frente, porque, escondido, você vai fumar mais.

Segui fumando longe dele, mas sem a irresistível sensação da coisa proibida. Até que o Santos, em 1963, disputou o mundial de clubes com o Milan, e perdia por 2 a 0 no intervalo do jogo, num Maracanã lotado por 132 mil cariocas que, como eu, adoravam o time. No banheiro de casa, aos treze anos, prometi, olhando para o espelho, que, se o Santos virasse, pararia de fumar.

O Santos virou o placar para 4 a 2, ganhou o jogo no desempate, porque havia perdido em Milão pelo mesmo placar, e foi campeão. Só voltei a fumar, aí já na frente de meu pai, aos quinze anos.

A virada santista é um de meus jogos inesquecíveis, narrado, na antiga TV Record, por Raul Tabajara, que antes do quarto gol, em falta batida por Pepe, citou Camões:

— Cesse tudo que a Musa antiga canta que outro valor mais alto se alevanta… goooooolllll!

Havia caído uma tempestade colossal sobre o Rio de Janeiro, muita, mas muita água, e muitos gols — o suficiente para forçar o terceiro jogo, vencido pelo Santos por 1 a 0 —, mesmo sem o machucado Rei Pelé nos dois jogos.

Do bicampeonato mundial de basquete, no Maracanãzinho, tenho recortes dos quais fiz cópias e dei de presente para Amaury Pasos e Wlamir Marques, a melhor dupla que vi jogar no Brasil.

Minha despedida do basquete se deu pela constatação de

que o jogo jogado por eles era muito diferente daquele praticado por mim, depois do aplastrante resultado de 135 a 60 no ginásio do Jardim América.

Quando juvenil, perdi os dois lances livres decisivos que levariam o Paulistano ao campeonato estadual em Franca, sonho do time que disputava o quarto lugar (Corinthians, Palmeiras e Sírio se revezavam entre os três primeiros) com o Floresta — que virou Esperia mais tarde, ao readotar seu nome de origem, trocado na Segunda Guerra como o do Palestra, que virou Palmeiras.

Frustração redobrada porque, depois de, na quadra, ser consolado pelos companheiros, no chuveiro ouvi alguém dando murros na parede do boxe ao lado e, ao sair para ver quem era, encontrei um dos colegas, o Viana, que não sei que fim levou, batendo no chão e na parede enquanto blasfemava:

— FDP do Kfouri, FDP do Kfouri.

Fiquei arrasado.

Nós perdíamos por um ponto quando, ao faltarem apenas três segundos para terminar o jogo, sofri uma falta. Nosso técnico pediu tempo e falou só comigo:

— Kfouri, nos treinos você quase não perde lances livres. Nem precisa fazer os dois. Empata o jogo que a gente ganha na prorrogação.

Acho que aquele minuto parado foi fatal. Esfriei e… tremi.

Por anos a fio não esqueci esse momento.

Como colecionava recortes de jornais e de revistas, acabei indicado por um amigo para trabalhar no Dedoc da Abril, a fim de atender à revista *Placar*, que nasceu em 1970, antes da Copa do México, a do tricampeonato mundial de Pelé, Tostão, Rivellino, Gérson, Jairzinho e cia.

O Departamento de Documentação e Pesquisa (hoje apenas Departamento de Documentação) foi criado para servir à *Veja*, em 1968. Tinha milhares de pastas de fotos e recortes alimentadas por seus funcionários, em regra gente que vinha dos cursos de História, Economia, Geografia, Filosofia e Ciências Sociais.

Aprendi muito naquela "escola" frequentada pelos melhores jornalistas do país em busca de informações para suas reportagens. Pense num grande nome da imprensa brasileira e tenha certeza: passou horas no Dedoc pesquisando.

Todos ali eram mais velhos que eu, como Celso Ming, até hoje colunista de Economia do *Estadão*, e Irede Cardoso, uma feminista militante que veio a se eleger vereadora pelo PT nos anos 1980.

Antes de estrear de corpo presente numa Copa, portanto, eu já tinha participado das Copas de 1970, 1974 e 1978, nas duas últimas como chefe de reportagem da *Placar*.

Nunca havia pensado em ser jornalista, apesar de meu avô materno, Luis Amaral, que era de direita, ter sido o primeiro repórter a entrevistar Luís Carlos Prestes no comando de sua Coluna.

Tive pouco contato com esse avô, porque o conheci já depois de ele ter sofrido um derrame cerebral. Mas sei que não se tratava de uma figura fácil. Viveu entre os índios, era ativista do cooperativismo, especialista em questões agrícolas. Antissemita e antissionista, escreveu, em 1948, *Os servos do Talmud*, livro em que arrasava os judeus. Participou da fundação da *Folha da Noite*, origem do Grupo Folha. Era profundamente orgulhoso, a ponto de preferir passar por bêbado a admitir que estava sequelado pelo derrame.

Uma vez, férias de julho no Rio, em Ipanema, na rua Visconde de Pirajá, quando minha mãe saía comigo e com meus irmãos para a praia, ele pediu a ela que não fosse.

— Tenho de cuidar das crianças para que não se afoguem — ela ponderou.

— Que morram — reagiu.

Sim: não tenho uma boa lembrança dele.

Entrei na Faculdade de Ciências Sociais da USP com duas ideias: seguir carreira universitária e escrever uma tese de doutorado para demonstrar que o futebol, ao contrário do pensamento vigente em nossa esquerda, era mobilizante, e não alienante. Duros tempos, aqueles. Tempos de ditadura.

Uma noite, nos barracões da Ciências Sociais na Cidade Universitária, o professor de Sociologia 1, o grande Gabriel Cohn, marcou prova no horário em que jogariam Brasil e Romênia, em Guadalajara. Levantei a mão e lembrei que era dia de jogo de Copa do Mundo. A classe vaiou e o mestre submeteu à votação a manutenção do dia da prova.

Foi então que eu soube que a classe tinha 21 alunos. Deu 20 a 1. Porque, diziam os colegas, que passaram a me tratar como um reles alienado, "cada gol do Brasil atrasava em dez anos a revolução brasileira".

Pior ainda foi no ano seguinte, nos Jogos Pan-Americanos em Cali, na Colômbia, quando anunciei que torceria pelo time brasileiro de basquete contra Cuba.

— Mas você vai torcer contra o time do Comandante [Fidel Castro]? — perguntavam meus colegas.

— A Revolução é uma coisa, basquete é outra. Eu sou brasileiro, não sou cubano — eu respondia.

Nunca permiti que a ditadura roubasse até o que eu tinha de mais íntimo. Seguia me comovendo ao ouvir, e sempre cantei, o Hino Nacional, porque era o do meu país, não o da ditadura usurpadora. Já bastava o medo que ela nos incutia.

O desfecho do episódio com Gabriel Cohn é saboroso.

Em 1982, sou convidado pelo professor e historiador da USP José Sebastião Witter para participar de uma reunião em que se discutiria a elaboração de uma enciclopédia brasileira do futebol. Reunião em curso, entra na sala o mestre Gabriel. Não seguro minha surpresa, há uns oito anos sem vê-lo, e exclamo:

— Mestre, você aqui?!

Incontinente, ele se dirige a mim de dedo em riste e sorriso irônico:

— Você só está surpreso porque é tão preconceituoso como os seus colegas que não me deixaram ver Brasil e Romênia na Copa de 70.

— Peraí, professor. Foi você quem marcou a prova — retruco.

— Sim, foi, porque sou desligado. Mas, depois daquela noite, você nunca mais falou de futebol comigo. E saiba que sou tão ou mais corintiano que você e que não acredito em sociólogo no Brasil que não tenha as calças puídas pelas arquibancadas. Mas você também achava que a faculdade não era o locus apropriado para falar de futebol.

Gabriel Cohn acabou por influenciar minha escolha pelo jornalismo. Ao dar uma nota alta em meu trabalho final em Sociologia 4, a respeito do sociólogo francês Émile Durkheim, sob o pretensioso título "Durkheim, um conservador?", o que só um moleque de 23 anos poderia escrever, ele observou:

— Você tem certeza de que não quer ser jornalista?

Quando perguntei a razão da observação, numa nota tão boa, ele foi ao ponto:

— Como trabalho acadêmico talvez eu devesse dar zero, mas como resenha está muito divertida.

No ano seguinte, ao começar a fazer pós-graduação, sempre às terças-feiras, em Política com o professor Francisco Weffort, um dos fundadores do PT e depois ministro da Cultura de FHC, surgiu o convite para assumir a chefia de reportagem da *Placar* e tive de optar.

Não havia pós-graduação à noite e a Abril me liberava para fazer o curso, algo impossível com a *Placar*, porque a abertura da revista se dava às terças, dia de expedir as pautas e cobrar as anteriores, função do chefe de reportagem.

Bem mais tarde soube que em minha classe a maioria fazia parte, como eu, de grupos clandestinos. Já aos dezessete anos, eu era do chamado "grupo de apoio" da Ação Libertadora Nacional, a ALN, organização de combate à ditadura comandada por Carlos Marighella e Joaquim Câmara Ferreira.

Ajudava a fazer a documentação para quem tinha de sair do Brasil e, depois da morte de Marighella, em 1969, servi como motorista de Câmara Ferreira, o Toledo, ou o Velho, a quem devo o fato de estar vivo. Ajudei a fazer os documentos, por exemplo, do publicitário Carlos Knapp, o Washington Olivetto dos anos 1960 em São Paulo, dono da badalada agência Oficina de Propaganda.

Knapp dirigia sua Mercedes-Benz com Marighella para cima e para baixo, além de esconder o guerrilheiro em sua residência, no elegante bairro paulistano do Jardim Europa, a trezentos metros da casa do comandante do II Exército. Ninguém desconfiaria que dentro de um carrão raro como aquele na cidade pudesse estar o "inimigo público número um" da ditadura.

Não foi fácil tirá-lo do país, pois Knapp usa bota ortopédica por causa de uma osteomielite sofrida na infância.

Relato apenas este caso porque o próprio publicitário já o contou em suas memórias *Minha vida de terrorista*.

Mas não foi por nada disso que na noite de 7 para 8 de setembro de 1971 fui preso e levado para o DOI-Codi, na rua Tutoia, o inferno chamado de Operação Bandeirantes.

Em plena Semana da Pátria na faculdade, fui estudar com três colegas no apartamento de um deles no Guarujá. Na volta a São Paulo, os convidei para tomar cerveja em minha casa. Dois aceitaram o convite. O terceiro, Guido Mantega, não aceitou. Passamos a brincar com ele por ser um cara de sorte e com ele viajei, no ano seguinte, até a região dos lagos quentes de Osorno, no Chile, de automóvel.

Pouco antes da meia-noite, quando nos preparávamos para

deitar, minha primeira mulher, Susana, que aniversaria no dia 8 de setembro, e eu ouvimos a campainha tocar forte e a porta do apartamento ser esmurrada. Quando abri, sei lá quantos homens armados de metralhadora entraram na sala.

Apavorante e ridículo. Apavorante por motivos óbvios, ridículo porque até um faqueiro, cuja chave foi impossível localizar em meio àquela cena, eles ameaçaram explodir, por suspeitar que nele houvesse armas.

Nos levaram para a rua Tutoia, de onde só nos soltaram no início da noite seguinte. Durante a madrugada e o dia inteiro ouvimos um de nossos colegas gritar sob tortura.

No meio da madrugada, fui interrogado. Eu podia saber por que estava sendo preso, mas sabia, também, que eles não sabiam por que haviam me prendido. Nenhum dos dois colegas tinha a menor ideia do que eu fizera na ALN, da qual já estava desligado.

Com muito medo, mas firme, comecei a responder ao interrogatório.

— Você é comunista?

— Não — menti.

— Mas socialista você é?

— Socialista é o ideal cristão — respondi.

— Você tem um primo procurado como terrorista — afirmou o interrogador.

— Como tenho outro que é o braço direito do governador Laudo Natel.

(O primo procurado era João Carlos Kfouri Quartim de Moraes e o braço direito do governador era Henri Aidar.)

— Por que você tem tantos livros subversivos?

— Não são subversivos, são livros de estudo da faculdade.

— Sua mulher já viu seu amigo pelado?

— É claro que não.

— Pois vai ver agora e vai chupar o pau dele na sua frente.

Tomado pelo pavor e pela indignação, reagi:

— Sou um cidadão comum, pago meus impostos, vocês não têm nada contra mim e eu exijo ser bem tratado e ficar ao lado de minha mulher.

O interrogador, de cabelo cortado rente e não mais de 35 anos, levantou-se irritado e me deu um tapa no rosto, gritando:

— Vocês saem na chuva e não querem se molhar. Você vai ficar com ela até que a gente saiba tudo. Daí você vai ver o que é bom, porque aqui pode ser o céu ou o inferno.

No fim da tarde, sem mais, outro policial entrou na salinha em que estávamos confinados e disse que poderíamos ir embora, mas que não falássemos nada para ninguém sobre o que havia acontecido e que olhássemos para o episódio como experiência de vida.

Dias depois, sempre seguido por dois homens aonde quer que fosse, inclusive um jogo entre Corinthians e Vasco no Parque Antarctica, fui chamado a depor no Dops. Nome do delegado que me interrogou: Alcides Singillo, mais tarde denunciado por ter participado da prisão ilegal e ocultação do paradeiro do lavrador Manoel Conceição Santos. Quando vi o sobrenome numa placa sobre sua mesa, pensei em Kafka: dr. Singillo!

Minha ficha no Dops diz que meu nome de guerra é... é... Juca! De fato. Um tio foi o responsável. Eu tinha uns três anos.

O que nos levou à prisão foi o carro mal estacionado de um dos colegas. Pela placa levantaram sua identidade e souberam que ele já tinha sido preso por subversão. Abriram o carro, havia panfletos, esperaram por sua chegada e o fizeram dizer de onde vinha.

De volta para a Copa do Mundo: o voo para Madri transcorreu como um sonho.

Na chegada ao aeroporto de Barajas, um contratempo: nada

de minha mala. O problema não era a máquina de escrever, as laudas, os livros de apoio sobre a história das Copas, muito menos as roupas — remédios, na época, não eram necessários. Mas o meu credenciamento para fazer parte da Família Fifa estava nela. "Sem sorte não se chupa nem um Chicabon", dizia Nelson Rodrigues.

Perdi a conexão para Sevilha e a companhia de dois doces Albertos, Dines e Helena Júnior, o primeiro encarregado de cobrir a Copa para a revista *Playboy*, e o segundo como colunista da *Placar*. Dines abriu sua monumental reportagem com a famosa frase do poeta espanhol Federico García Lorca: "Eram cinco em ponto da tarde".

Por que sorte? Porque, quando minha mala apareceu, cerca de duas horas depois, peguei o voo para Sevilha e desembarquei no exato momento em que a Seleção Brasileira chegava de Portugal, onde estivera treinando. Junto com ela, o repórter da *Placar*, Carlos Maranhão, dono de um dos melhores textos da imprensa nacional.

Pude, então, testemunhar por que o técnico Telê Santana acabou por escolher o Doutor Sócrates como capitão daquele timaço. Um dos jornalistas que o abordaram perguntou ao Magro quem era o melhor do mundo, Zico ou Michel Platini, os maiores craques do Brasil e da França. Ele olhou bem no olho do repórter e respondeu:

— A pergunta está errada. A pergunta é: quem é o melhor do mundo, Zico ou Falcão?

Não que Zico, ídolo da torcida do Flamengo, a maior do Brasil, e Paulo Roberto Falcão, então chamado de o Rei de Roma, disputassem a braçadeira de capitão, mas era meio inevitável que um deles, pela liderança técnica, fosse escolhido por Telê. Sem saber sabendo, no entanto, Sócrates, que também tinha cabeça e bola para a missão, botava os dois à sua frente, postura de humildade ao gosto do treinador.

Quando a Copa começou, era ele o encarregado de levantar a taça no pódio do tetracampeonato que escapara em 1974, na Alemanha, diante da fabulosa Laranja Mecânica, a seleção holandesa do mago Johan Cruyff e do cérebro de Rinus Michels, assim como o Brasil escapara, sem derrota, na Argentina, em 1978.

Sevilha é uma cidade encantadora. Tanto que o poeta João Cabral de Melo Neto, depois de ter sido cônsul na Andaluzia, dizia querer passar seus últimos dias ali.

Cobríamos a Copa por telex, e com remessas de textos frios e de fotos por avião. Quando não conseguíamos pegar o malote da Varig, a companhia aérea brasileira que viajava o mundo, apelávamos para um passageiro de boa vontade e avisávamos a redação para ir apanhar o material, não sem antes descrever minuciosamente o cidadão que o entregaria. Às vezes o pombo-correio trocava de roupa no voo e dava o maior trabalho localizá-lo.

Fax? Só na Itália, em 1990. Computador? Já nos Estados Unidos, em 1994, com direito a telefone celular.

Você sabe o que é um aparelho de telex? Melhor nem saber, mas vá lá. É como se fosse uma máquina de escrever mas muito mais pesado, no qual, depois de escrever sua matéria no papel, você a copia ao perfurar uma fita que, pronta, é transmitida por linha telefônica.

Os centros de imprensa e as cabines públicas eram recheados desses monstrengos, mas, é claro, tinham horário, razão por que perturbávamos o pessoal dos hotéis para usar suas máquinas de telex, ali instaladas para receber reservas.

As fotos quentes eram passadas por maquinetas barulhentas da United Press International, UPI. A transmissão de uma foto, em preto e branco, levava em média dezoito minutos, seis minutos por lâmina, de magenta, amarelo e cinza, se a telefonista do hotel não estranhasse o barulho e interrompesse a transmissão, riscando a foto e obrigando o repórter a passá-la de novo. Por paus ou por pedras, fato é que as reportagens chegavam aos seus destinos, e jornais e revistas fechavam no prazo.

Nos hospedamos no Hotel Inglaterra, bem no centro de Sevilha, onde era servido um delicioso gaspacho, sopa típica gelada ideal para ser consumida depois de se passar a manhã sob o sol de mais de quarenta graus do verão sevilhano, seco a ponto de não sujar o colarinho.

Já estava na cidade havia duas semanas quando minha mulher chegou. Cabeludo e barbudo, fui ao barbeiro de Sevilha antes de ir buscá-la no aeroporto. Na saída do hotel, quando depositei a chave na portaria, o recepcionista elogiou minha aparência e ouviu o motivo. Na volta, deu-me uma chave com número diferente de quarto. Disse a ele que não era aquela, ele insistiu que era e piscou o olho.

Era a chave da suíte presidencial, com uma cesta de frutas sobre a mesa e um balde de gelo com uma garrafa do espumante Freixenet! Minhas roupas estavam no armário, a máquina de escrever e as laudas na escrivaninha, os apetrechos de higiene no banheiro! Pense no tamanho da gentileza do funcionário de um hotel que já fora pago e recebia um bando de jornalistas desordeiros sem uma peseta para dar de gorjeta!

Outra história que só iria acabar muitos anos depois, como a de Gabriel Cohn. Porque, passadas mais de duas décadas, voltei a Sevilha e fiz questão de me hospedar no mesmo hotel, embora até pudesse ficar num melhor.

Chegamos à tarde, e na portaria perguntei se ainda havia ali alguém dos tempos da Copa de 1982. Disseram que sim, havia três funcionários, os quais estavam perto de ser *jubilados* (aposentados) e só faziam o turno da manhã.

No dia seguinte, ao descer para o café, vi na portaria o funcionário autor da gentileza, de cabelos brancos. Temi querer ver mais do que, na verdade, ver. Aproximei-me, perguntei se ele se lembrava de um grupo de jornalistas brasileiros que se hospedara lá durante a Copa de 1982, ele respondeu que sim meio sem convicção e eu, então, disse que estava de volta ao hotel só por causa dele.

— É claro que o senhor não vai se lembrar de mim, mas da sua gentileza eu jamais esquecerei.

À medida que eu detalhava o episódio, ele ia ficando com os olhos marejados e dizia baixinho:

— Mas é o meu trabalho, deixar os hóspedes felizes, para que voltem.

No dia seguinte à noite desfrutada na suíte presidencial, fomos minha mulher e eu ao estádio do Betis, o Benito Villamarín, ver Brasil × Nova Zelândia, com a Seleção já classificada para a fase posterior, e ali vivi também inesquecíveis emoções estéticas.

Sob o sol das nove da noite na Andaluzia, ao lado da mulher amada, vi Cerezo, Sócrates, Zico, Júnior, Leandro e Falcão trocar passes, a Seleção golear por 4 a 0, e um marinheiro do navio-escola brasileiro *Custódio de Mello* empinar uma pipa ao rés do gramado enquanto a banda tocava "Aquarela do Brasil", música incomum em jogos de futebol.

Guernica, *Pietà*, Praga, Paris, o Rio visto do Corcovado, o gol de Basílio em 1977, que acabou com 23 anos de jejum de títulos para o Corinthians, os dois de Emerson Sheik em 2012, que valeram a primeira Libertadores, o de Guerrero que valeu o bicampeonato Mundial de Clubes da Fifa, a Catedral de Milão: foi emoção dessa grandeza.

A Copa havia começado num susto e terminaria em tragédia. O susto foi bem absorvido, a tragédia de Sarrià dura até hoje.

A União Soviética pregou o susto, pois saiu na frente no estádio do Sevilla, o Ramón Sánchez-Pizjuán; o zagueiro brasileiro Luizinho cometeu dois pênaltis não marcados pelo assoprador de apito espanhol e provavelmente anticomunista (só pode ter sido por isso, como de resto a Fifa...); e Sócrates e Éder viraram para 2 a 1, pouco depois do meio e no fim do segundo tempo.

Demos na capa da *Placar* uma foto fria, de outro jogo, em cores, mas que parecia quente, de Sócrates comemorando gol. Concluí o texto de apresentação da revista com uma frase curta: "Gente, que susto!". Para minha surpresa, recebi de Roberto Civita, o dono da Abril, que não dava a mínima pelota para futebol, um telex em que dizia "até eu estou de chuteira".

O resto da história é mais que conhecido e termina no dia 5 de julho, no Sarrià, estádio do Espanyol, em Barcelona, com a derrota para a Itália por 3 a 2, três gols de Paolo Rossi. Cada um a descreve a seu modo, cada um a digeriu como pôde, quem esteve lá e quem não esteve e gosta de futebol chora o revés até hoje.

A verdade é que, se jogasse dez vezes contra aquela ótima seleção italiana, a brasileira venceria seis, empataria três e perderia uma. O dia 5 de julho de 1982 estava reservado para ser o da derrota. Naquele dia, a Itália jogou melhor e mereceu vencer.

O jogo foi uma constante troca de superioridade, Zico sofreu um pênalti ao ter a camisa puxada e rasgada pelo zagueiro Gentile ainda no primeiro tempo, a Itália teve um gol mal anulado no segundo, acusou-se Telê Santana de não ter recuado o time para garantir o 2 a 2 que classificava o Brasil, mas fato é que no terceiro gol italiano o time nacional inteiro estava na área para defender um escanteio. Um jornal andaluz deu como manchete: "Não se entende mais este mundo; Brasil eliminado".

Sócrates escrevia o "Diário da Copa" para a *Placar*. Cabia a mim editar. O que imaginei que seria uma dura tarefa não passou de mero trabalho de datilógrafo. Texto perfeito, letra de gente, não do médico que ele era; ainda guardo os manuscritos. Terminados os jogos, eu ia buscá-los no vestiário. Sim, naquele tempo os jornalistas entravam nos vestiários.

Em regra eu trocava uma impressão com Zico (ele sempre saía perdendo, porque a dele era melhor que a minha), pedia que Falcão desse uma nota para sua atuação e pegava o "Diário". Numa dessas ocasiões, depois do jogo contra a Escócia, o segundo da primeira fase, 4 a 1 para o Brasil, ao contrário do que acontecera em Barajas me estrepei certo de que tinha dado sorte.

Sócrates foi escolhido para o antidoping. Passada mais de hora, ônibus da Seleção esperando pelo xixi do Doutor, Telê pergunta se vou aguardá-lo até o fim. Diante do sim, pede que eu leve o capitão para o hotel, que ficava a uns quarenta minutos do estádio. Aceito feliz da vida a tarefa, pois seria oportunidade de conversarmos só os dois.

O Doutor demora uma eternidade para aparecer, conta que tomou todas as cervejas e vinhos brancos que estavam na geladeira, para estimular o xixi, e, esfalfado e *briaco*, dorme durante todo o percurso, ao meu lado, no banco da frente. Tive de acordá-lo para que saltasse ao chegar no hotel...

O ambiente depois da eliminação era bem outro. Procurei Zico e não achei. Falcão disse que eu é que daria a nota. Dei dez, coisa que ele não fizera até então. Com os olhos marejados, o Rei de Roma agradeceu. Já o Doutor Sócrates entregou seus escritos e pediu, pela segunda vez, que eu redigisse o fecho.

— Mas não sei, vou escrever o quê?

— Você me conhece, você sabe.

— Digo o quê? — insisti.

— Que pena, Brasil — respondeu, olhos fundos como eu jamais os tinha visto.

A frase foi a chamada de capa da *Placar*, uma foto do fim do jogo, rasgada pela metade, com os brasileiros cabisbaixos em meio à comemoração dos adversários. Reitere-se que naquela tarde os italianos jogaram melhor e o placar foi justo, como não teria sido injusto um empate que levaria a Seleção às semifinais.

Sérgio Cabral (o pai) saiu do Sarrià tão desacorçoado que resolveu ir a pé até o hotel em que se hospedara, muito, mas muito longe do estádio. Disse ele que, ao parar para atravessar uma das largas avenidas catalãs, em frente a um outdoor do Instituto Brasileiro do Café que anunciava as qualidades de nosso fruto, devia estar com tal cara de enterro que um jovem o abordou, olhou para a credencial que trazia pendurada e o consolou:

— Não faz mal, senhor. Vocês ainda produzem o melhor café do mundo.

Achei que passaria um bom tempo sem ser capaz de torcer por ninguém, nem mesmo pelo Corinthians. Qual o quê! Em seguida jogaram em Sevilha, pelas semifinais, Alemanha e França, que tinha um trio fabuloso no meio de campo, formado por Giresse, Tigana e Platini. Um novo embate entre o futebol-arte e o futebol-força.

O tempo normal terminou 1 a 1, gol de empate de Platini. Na prorrogação, a França chegou a ficar na frente por 3 a 1, mas, você sabe, se há um povo que não desiste nunca, esse é o povo alemão. Eles empataram 3 a 3 com, simplesmente, um gol de bicicleta. E adivinhe o que aconteceu nos pênaltis? Alemanha 5 a 4!

Toca para Madri, onde, no santuário do Santiago Bernabéu, estádio do Real Madrid, Alemanha e Itália jogaram a final da Copa. A força vencera, mas, essencial frisar, com talento.

Se produzir o melhor café do mundo não consolava, muito menos o fato de a presença brasileira na decisão ser a do árbitro Arnaldo Cezar Coelho, porque a regra é clara: final de Copa do Mundo tem de ter a Seleção Brasileira, não nossa arbitragem.

Pensar que estava tudo indo tão bem até ali! No Brasil vivia-se a expectativa das primeiras eleições, desde 1965, para governador. Realizadas em novembro, foram coroadas pela vitória dos partidos de oposição em dez estados, entre eles os três principais: São Paulo, Rio de Janeiro e Minas Gerais, que elegeram, respectivamente, Franco Montoro (pmdb), Leonel Brizola (pdt) e Tancredo Neves (pmdb). Estavam abertas as portas para a campanha das Diretas Já e para o fortalecimento da Democracia Corinthiana, movimentos que agitaram o país e o futebol nacional.

Era indisfarçável, no entanto, o gosto amargo da derrota no Sarrià.

Uma falsa questão nasceu da eliminação: melhor ganhar jogando feio ou perder jogando bonito?

Consultei o Conselheiro Acácio e ele acabou com a dúvida: melhor ganhar jogando bonito!

2. A Máfia da Loteria

A imprensa esportiva sempre preferiu investir mais na emoção, no jogo, nas contratações e lesões a olhar para os bastidores do esporte.

Eram tempos românticos, nos quais pontificavam, no Rio de Janeiro, jornalistas de texto refinado como o pernambucano Nelson Rodrigues e o acriano Armando Nogueira, embora o também pernambucano Mário Filho, homenageado com o nome oficial do Maracanã e irmão de Nelson, tenha escrito o monumental livro *O negro no futebol brasileiro*, e o gaúcho João Saldanha, um crítico ácido, tenha vindo a aceitar o cargo de técnico da Seleção Brasileira em 1969. Mas eram cronistas na acepção do termo, não repórteres, e não se fazia jornalismo combativo no dia a dia da imprensa. Em São Paulo, por exemplo, o italiano Tomás Mazzoni, de grande obra, se caracterizou mais por fazer jornalismo a favor do que contra.

O futebol de então também primava pelo romantismo, e o jornalismo esportivo acompanhava o clima, o que era compreensível. Talvez por isso, no entanto, figuras como João Havelange tenham feito sem maiores empecilhos a carreira que fizeram. A tendência perdurou até os anos 1960, quando aqui ou ali alguém se aprofundava numa investigação e revelava os podres, principalmente, do futebol.

O *Jornal da Tarde*, de saudosa memória, marcou alguns golaços em reportagens investigativas para denunciar arranjos de arbitragem ou descalabros nas gestões de clubes e federações ou na legislação trabalhista que regulava a vida dos atletas. Mas o que preponderava, e prepondera ainda hoje, a superficialidade, dá menos trabalho, nenhuma dor de cabeça, e zero de pressões e ações judiciais.

Argumenta-se sobre a necessidade de um respiro quando o leitor chega aos cadernos de esporte, cada vez mais raros, por sinal, ou aos programas esportivos. O coitado do consumidor de notícias já não suportaria tanta sujeira na política, tantos crimes, e precisaria de um oásis. Daí a "leifertização" da programação esportiva na TV, onde a gracinha sobra e o jornalismo soçobra. Não entenda no neologismo uma ofensa ao comunicador Tiago Leifert, que assumiu o programa *Globo Esporte* em 2009, mas apenas como rótulo de uma tendência que vinha lá de trás e virou epidemia.

Tão ruim como é a praga do merchandising, que criou um bando de garotos-propagandas travestidos de jornalistas, muitas vezes anunciando produtos de quem patrocina entidades esportivas ou até marcas que empresariam atletas, num conflito de interesses tão evidente que choca o fato de contar com o beneplácito silencioso dos órgãos de jornalistas do país.

"Tome Água da Bica, a água que o Juca Kfouri indica", brinco sempre em palestras para estudantes de jornalismo. Aí, um dia, especulo com os alunos, descubro que a água divulgada por mim está contaminada por coliformes fecais. O que faço? Fico quieto e sigo anunciando cocô ou traio quem me pagou tanto para falar de sua água?

Em qualquer lugar civilizado a questão nem se discute. Jornalista que vira garoto-propaganda tem de mudar de sindicato. E parar com o jornalismo.

Quando assumi a direção da *Placar*, em 1979, já sabia de muitas histórias não publicadas porque "não são do interesse do leitor", "a Abril me deixaria na mão caso fosse processado", "fontes seriam perdidas" etc. Ocorre que, pouco antes de eu chegar ao cargo, o então publisher da revista, jogador inveterado e jornalista vulcânico, Milton Coelho da Graça, pusera na cabeça que havia manipulação de resultados nos jogos da Loteria Esportiva, febre nacional desde 1970, responsável por fazer milionários bem mais transparentes que Eike Batista. Eu editava a área de informações e palpites para os treze jogos de cada volante semanal, e fui à Caixa Econômica Federal, em Brasília, para pesquisar se existia alguma pista.

Não fui bem recebido, tive de insistir muito para obter informações sobre apostas vitoriosas e, sob o argumento de sigilo bancário, não queriam mostrar os cartões premiados. Mas numa segunda visita, levemente mais bem-sucedida, pude constatar uma incrível coincidência: apostas vitoriosas cravavam seco em resultados que eram improváveis, as chamadas zebras, e preenchiam as três colunas (vitória, derrota e empate) em jogos com favoritos destacados. Exemplificando pelo absurdo: Barcelona × Íbis recebia um triplo (os três resultados possíveis), mas Real Madrid × Bayern Munique exibia apenas o triunfo do time alemão.

Nada era conclusivo, não se provava coisa alguma, mas era estranho; dava a sensação de que alguém manipularia o resultado contra o Real Madrid e que não fora possível comprar ninguém no jogo do Barcelona. Passei a desafiar o reportariado a cada reunião de pauta, e oferecia um ano de prazo para investigar o tema.

Eis que um belo dia, em outubro de 1981, o repórter Sérgio Martins entrou em minha sala e disse que tinha uma pista de uma provável quadrilha, em Santos, que manipulava resultados. O fio da meada! De Santos a Curitiba, de Curitiba a Salvador, de Salvador a Brasília (é claro!), de Brasília a Goiânia, Martins e o fotógrafo Ronaldo Kotscho viajaram o país e levantaram 125 nomes entre jogadores, árbitros, cartolas e empresários que fabricavam placares pelo Brasil afora. Fomos montando o quebra-cabeça, juntando pontos e depoimentos, ouvindo desmentidos, evasivas, e muitas, muitas confirmações, de uma, duas, três fontes diferentes, algumas assustadas, outras verdadeiramente ansiosas para que tudo fosse exposto à luz do sol.

Até que o radialista responsável por escolher os treze jogos de cada teste, Flávio Moreira, resolveu colaborar, tantas eram as evidências reunidas sobre sua participação no esquema. Ele leu e checou um a um os nomes envolvidos e citados na reportagem, acrescentou informações e, 24 horas antes de a revista ir às bancas em outubro de 1982, depôs na Polícia Federal. Não foi exatamente uma delação premiada, mas fato é que ninguém foi preso, e Martins e eu colecionamos dezenas de ações na Justiça, todas competentemente defendidas pelo Departamento Jurídico da Abril, invariavelmente infrutíferas, com exceção de uma, a quem foi dado um inconvincente direito de resposta.

"Desvendamos a Máfia da Loteria Esportiva", dizia a chamada de capa em letras amarelas sobre um fundo inteiramente preto. Durante uma semana apanhamos mais que Judas Iscariotes. Foram páginas e mais páginas de jornais repletas de desmentidos. Diariamente o *Jornal Nacional* mostrava os denunciados com suas versões. *Placar*, cuja edição vendera mais de 300 mil exemplares, era acusada de trair o futebol brasileiro, e a Caixa Econômica atestava a credibilidade da loteria que bancava.

Mas tínhamos mais que indícios e convicções. Obtivéramos os resultados de sete jogos que aconteceriam no fim de semana da publicação. Aventamos a hipótese de fazer um cartão de apostas com os resultados cravados, mas a descartamos porque, achamos, sempre haveria alguém para dizer que nos valemos de informações privilegiadas em vez de denunciar a falcatrua.

Optamos por ir a três brasileiros com fé pública: Sócrates, d. Paulo Evaristo Arns, cardeal de São Paulo, e Mário Sérgio Duarte Garcia, ex-presidente da Ordem dos Advogados do Brasil em São Paulo. Na sexta-feira, apostas já encerradas, fui aos três e pedi que assinassem um documento que dava conta dos resultados.

Acredite você ou não, a paixão pelo futebol é tamanha que assisti a um desses jogos, no Morumbi, na torcida para que o resultado não se confirmasse, que o centroavante do time a ser prejudicado fosse mais competente do que quem estava em campo para fazer a fraude, o goleiro do time dele. Não foi. Torci contra a nossa informação e perdi.

João Saldanha, em sua prestigiada coluna no *Jornal do Brasil*, respaldou a denúncia.

Saldanha foi uma figura ímpar na vida nacional. Gaúcho de Alegrete, militante do Partido Comunista Brasileiro (PCB), jornalista de insuperável poder de comunicação, técnico campeão carioca de 1957 pelo Botafogo, seu time de coração, e da Seleção Brasileira que classificou para a Copa do Mundo de 1970, a do tricampeonato, com seis vitórias, 100% de aproveitamento. Nelson Rodrigues o chamava de João Sem Medo.

Vivi ao seu lado inúmeras histórias, uma delas no Chile, em 1985, quando me aconselhou a não criticar a ditadura de Augusto Pinochet na transmissão que faria pelo SBT do jogo amistoso entre Chile e Brasil no Estádio Nacional de Santiago.

— Olha aqui. Eu te conheço e você me conhece. Você sabe que não sou de ter medo de nada, mas te aviso: a ditadura aqui não é mole. Não vá bancar o herói. Eles ouvem tudo e são capazes de prender e sumir com qualquer um — alertou.

Tranquilizei-o dizendo que não era criança, tinha três filhos, e que ele parecia o meu pai, o qual havia feito a mesma recomendação.

Aconteceu que logo no início da transmissão, quando o narrador Osmar de Oliveira quis saber da minha expectativa para o jogo, não aguentei e lembrei que o Estádio Nacional despertava duas sensações opostas: por um lado, Mané Garrincha brilhara em seu gramado na conquista do bicampeonato mundial em 1962; por outro, o local tinha servido de prisão por ocasião do golpe militar que derrubara o governo constitucional de Salvador Allende, em 1973, e lá foram torturados e mortos patriotas chilenos e brasileiros.

Tanto bastou para que quase imediatamente dois policiais se postassem na saída da cabine da TV e a polícia chilena não desgrudasse mais de mim. No intervalo do jogo, saí da cabine e avisei a quem pude entre os jornalistas amigos, Saldanha inclusive, para que me esperassem para ir embora. Ele me fuzilou com os olhos, mas esperou e saiu comigo.

Fomos jantar, e os dois meganhas ficaram na entrada do restaurante. Voltamos para o hotel, e os dois ali. Descemos na manhã seguinte, e outros dois estavam no saguão, de onde nos acompanharam até o embarque no aeroporto. João quase não falava, apenas meneava a cabeça, como se dissesse: "Eu avisei, eu avisei!".

Quando chegamos a São Paulo e me despedi dele, que seguiria para o Rio, virou-se para mim com cara bem séria e sentenciou:

— Parabéns, você é meu orgulho.

A revista *Veja*, também da Editora Abril, fez uma capa na semana seguinte endossando a reportagem sobre a Máfia da Loteria e acrescentando informações de sua investigação. *Placar* trouxe outra capa desmontando os desmentidos, tanto os publicados por outros veículos quanto os da Caixa Econômica Federal.

Curiosa e gloriosamente, apoios mais veementes vieram de humoristas como Chico Anysio, Henfil e Jô Soares em seus espaços. E aqui começo a correr o risco de parecer o Forrest Gump.

Com Henfil participei de inúmeros jornais de resistência à ditadura. Cartunista de primeira, de um humor cortante e implacável ao mesmo tempo que extremamente afetuoso.

Para Jô Soares, nosso homem dos sete instrumentos, em seu programa de entrevistas contei que ninguém acreditava e não havia testemunhas, mas que duas horas depois do nascimento de minha primeira neta, Luiza, peguei-a no colo e a ouvi dizer: "Vovô querido, te amo". Jô não se fez de rogado:

— Pois eu acredito.

De Chico Anysio recebi uma lição. Depois da Copa do Mundo de 1990, na Itália, palestrei em Santos para alunos de jornalismo e um deles perguntou como me senti ao ser substituído pelo Pelé e por Chico Anysio como comentarista na Rede Globo, onde eu estava desde 1988.

Brinquei dizendo que sair para a entrada do Rei Pelé era a suprema glória. Já imaginou o alto-falante do estádio anunciar: "Sai Juca, entra Pelé"? Quanto ao Chico, informei que ele havia começado a carreira como comentarista de futebol, que sonhava em comentar uma Copa e que, além do mais, era a compensação por ele ter casado com a ministra da Fazenda de Fernando Collor, Zélia Cardoso de Mello. E acrescentei um "coitado".

Típica brincadeira de quem perde o amigo mas não perde a piada, embora não fôssemos propriamente amigos; eu era apenas gratíssimo a ele pelo apoio que dera no episódio da Máfia da Loteria. Para meu castigo, um jornal santista publicou a piada de mau gosto.

Tempos depois, no *Programa do Jô*, vejo Chico Anysio responder que, das críticas recebidas pelo seu relacionamento com Zélia, uma havia doído particularmente, por ter vindo de uma pessoa que ele não imaginava capaz de fazê-la. E fala de minha gracinha em Santos. Não dormi naquela noite.

No dia seguinte, liguei para a casa dele e pedi que o chamassem. A primeira frase que ouvi revelou o tamanho de sua generosidade:

— Juca Kfouri, dê-se ao respeito.

Eu insistia para ele ouvir minhas desculpas e ele não permitia que eu continuasse. Gentil e caloroso, antes de se despedir, limitou-se a dizer:

— Estamos empatados!

Passados alguns meses, por sorte encontrei o casal num restaurante em São Paulo. Fui acolhido com carinho.

Muito pelo apoio de gente como eles, Chico, Henfil e Jô, viramos o jogo na opinião pública, apesar de até termos enfrentado uma guerra de silêncio dos jogadores do eixo Rio-São Paulo, a qual, diga-se, durou apenas duas semanas, graças às ações do goleiro Waldir Peres e de Zico, então presidentes dos sindicatos dos atletas dos dois estados, e também de Sócrates, sem cargo mas com enorme representatividade.

A greve, justificavam, fora decretada para separar o joio do trigo, com temor de uma generalização que, registre-se, não havia sido feita. Diversos jogadores foram denunciados na reportagem, mas uma minoria, e era importante para os sindicatos que não misturassem alhos com bugalhos. A Loteria Esportiva mergulhou na lama da perda de credibilidade e nunca mais foi a mesma.

Três anos depois, em 1985, sob o governo de José Sarney, ditadura derrotada, assumiu a presidência da Caixa o senador pernambucano Marcos Freire. Uma de suas primeiras atitudes foi reunir os responsáveis pela área de jogos da CEF, com a minha presença, e determinar o total esclarecimento das denúncias, entre outros motivos para tentar resgatar a credibilidade da Loteria Esportiva.

Em vão. Comandava a área de jogos como diretor de Loterias, o jovem Aécio Neves, que obviamente compareceu à reunião. Você fez alguma coisa para esclarecer os fatos? Nem ele, sempre cheio de evasivas e de conversas para boi dormir.

O gol da *Placar* entrou para a história do jornalismo brasileiro, mas, incrível, não a ponto de ganhar o Prêmio Esso, o mais importante da nossa imprensa. Quem contou a razão foi um dos jurados do prêmio naquela ocasião, que trabalhava na *Veja*: correu no júri a informação de que *Placar* fecharia no fim do ano (de resto, um boato recorrente) e por isso tentava desmoralizar o futebol.

A revista ainda sobreviveu oito anos como semanal e, mal ou bem, resiste até agora como mensal. Virou exemplo para gerações de profissionais hoje na linha de frente do jornalismo investigativo no esporte, como Camila Mattoso, Gabriela Moreira, Jamil Chade, Lúcio de Castro, Martín Fernandez, Rodrigo Mattos e Sérgio Rangel, entre tantos outros.

Mais: entre 1993 e 2005, Melchiades Filho editou o Caderno de Esportes da *Folha de S.Paulo* com brilho e a preocupação de desvendar bastidores. Havia quem se queixasse, mas as pesquisas com os leitores do jornal sempre indicaram a correção de sua escolha.

Denunciar os podres do esporte deixou de ser uma tarefa solitária e trouxe resultados. Para comprovar, estão aí os exemplos de João Havelange, Ricardo Teixeira, José Maria Marin e Marco Polo del Nero; cito apenas os que chegaram ao topo em nosso futebol.

O dinheiro que amealharam é incomparavelmente maior do que o ganho pelos grupos que manipulavam os resultados da Loteria, até porque este precisava ser dividido por todos os muitos participantes, entre jogadores, apitadores, cartolas e articuladores da manipulação.

3. Duas derrotas: Diretas Já e Democracia Corinthiana

A década de 1980 acabou melhor que a encomenda, mas pior do que deveria.

Os Anos de Chumbo estavam enterrados, embora por um preço altíssimo porque, com eles, enterraram-se mais dois brasileiros, cujas mortes, em 1975 e 1976, deram início ao lento processo de redemocratização do país: o jornalista Vladimir Herzog e o metalúrgico Manuel Fiel Filho, que pagaram com a vida e sob tortura pela coragem de resistir política e pacificamente à ditadura.

Minha formação na arte da política talvez tenha sido precoce e imperfeita exatamente por causa do golpe de 1964. Eu tinha então apenas catorze anos, não me interessava muito pelo que acontecia e pouca atenção dava aos momentos tensos pelos quais passava o governo de João Goulart. Estava mais preocupado com o Corinthians, já havia dez anos sem ganhar campeonatos, e com minha vida de jogador de basquete no aristocrático Club Athletico Paulistano.

Meu pai, Carlos, era culto, agnóstico e democrata, além de corintiano, e repelia quaisquer extremismos. Numa palavra, era o meu Google Enciclopédico, assim como de meus amigos e dos amigos de meus irmãos. E a referência moral de minha vida.

Lembro claramente quando ele, ao ouvir o discurso inaugural, moderado na aparência, do primeiro dos ditadores golpistas, o marechal Humberto Castelo Branco, disse à minha mãe, Luiza, que parecia tranquilizada pelas palavras do militar:

— Isso vai durar mais de vinte anos.

Durou 21.

Procurador de justiça, ele suportou com resignada oposição o período obscurantista. Ela não. Educadora — e uma das fundadoras da Escola Nova Lourenço Castanho, em São Paulo, na qual virou a instituição Tia Luiza, como diretora do maternal, sua maior paixão além dos quatro filhos e oito netos —, atuou e ajudou quem pôde ajudar na resistência.

Vivíamos bem no Itaim Bibi, como uma família de classe média, sem luxos e, até 1962, sem automóvel, quando meu pai comprou um Fusca 61, tirou carta de motorista e passou a dirigir. Muito mal.

Comecei o primário na idade em que se começava então, aos sete anos, em 1957, no Grupo Escolar Aristides de Castro; os dois primeiros anos do ginásio, cursei no Colégio Santo Alberto; os três últimos (bombei na terceira série), no Colégio Estadual Ministro Costa Manso; fiz o colegial no Curso Técnico de Administração de Empresas do Liceu Eduardo Prado; e entrei na Faculdade de Ciências Sociais da Universidade de São Paulo em 1969.

Até 1964 era um zero à esquerda politicamente. Depois, se não cheguei a ser dez, permaneci à esquerda, fortemente influenciado por dois primos mais velhos, os irmãos João Carlos Kfouri Quartim de Moraes e Maria Lygia Quartim de Moraes, além do marido de Lygia, Norberto Nehring, ídolo de minha adolescência.

João foi o primeiro neto de meus avós paternos, primeiro sobrinho de meu pai e de quatro de seus irmãos, entre os quais minha tia Nadir Kfouri, que viria a ser a primeira reitora de uma universidade católica no mundo, a PUC paulistana, graças a um pedido de d. Paulo Evaristo Arns ao papa Paulo VI.

Maria Lygia, a Ia, foi a primeira neta e sobrinha, pouco depois do nascimento de João, que era tratado como pequeno gênio pela família. Inteligente e estudioso, quando bem criança preenchia cadernos com números porque não se conformava com a ideia de que fossem infinitos. Formou-se em Filosofia na USP e foi para a Sorbonne, onde era conhecido como o Brasileiro que Falava Grego, para orgulho dos Kfouri. Ela, linda, não lhe ficava atrás, nem na inteligência nem na militância política.

João, que ao chegar de Paris militou na Vanguarda Popular Revolucionária (VPR), comandada pelo capitão Carlos Lamarca, teve de voltar à França, exilado, e sua foto estava nos cartazes de "terroristas" procurados. Ia viajou com Norberto, que foi para Havana fazer treinamento de guerrilha; ambos pela ALN.

Acompanhei de perto as preocupações de minha família com a trajetória dos três, e foi seguindo a visão de mundo deles que, ainda aos dezessete anos, ensaiei meus primeiros passos na militância política, que seria repleta de sobressaltos.

Entre 1968, o ano do Ato Institucional número 5, que acabou de vez com a liberdade no Brasil, e 1975, minha existência misturou a clandestinidade com a vida estudantil e profissional, sem dizer que me casei pela primeira vez em 1970 e cinco anos depois já tinha dois filhos, André, pai de minhas adoradas Luiza e Julia, e Daniel. A filha, Camila, só viria em 1978, e o caçula Felipe bem mais tarde, em 1991. Todos, por coincidência, corintianos.

Pois bem. Como já disse, devo o fato de estar vivo ao Velho, Joaquim Câmara Ferreira, braço direito de Marighella e, após o fuzilamento deste, o número um da ALN. Eu o conheci como se fosse tio de Norberto, num almoço de família. Tempos depois, Norberto já fora do Brasil, recebi a missão de arrumar um lugar para esconder um militante da organização. Consegui um pequeno apartamento no bairro de Santa Cecília, em São Paulo, com amigos que viajariam em férias.

Quando fui buscá-lo, a surpresa: era o tio de Norberto! É claro, não era tio coisa nenhuma, um despiste. Era o Toledo. Dessas coincidências que não ajudaram a "revolução brasileira", porque eu jamais, tão inexperiente, poderia saber que estava com o número um da ALN.

A cada dois dias ia vê-lo, levava mantimentos e conversávamos. Numa dessas conversas contei, aliviado, que tinha sido dispensado de servir o Exército, por excesso de contingente, e que estava me preparando para prestar vestibular. Foi quando ele me pediu que, se entrasse na faculdade, tratasse de fazer o alistamento como voluntário no CPOR, o Centro de Preparação de Oficiais da Reserva, exclusivo para estudantes universitários.

Entrei, me alistei e menti ao dizer que havia entrado no curso de Economia, já que o de Ciências Sociais era muito marcado como de esquerda. Sou o único cara que conheço que foi voluntário no Exército. E na Infantaria, porque, segundo Toledo, era para aprender a ser guerrilheiro, andar no mato com o fuzil nas costas.

— A Cavalaria é arma de burguês — disse.

Eis que logo no início de 1970, quando começaria a servir pois havia passado no exame físico, única vez em minha vida que consegui subir numa corda tal o ardor com que travei a batalha, surgiu o convite para trabalhar na Abril. Pagava-se bem, 1700 cruzeiros novos, o que para um estudante que vivia com os pais estava de ótimo tamanho.

Além do mais, namorado de Susana desde 1965, queríamos nos casar e eu queria ter o meu "aparelho", preocupado com a hipótese de vir a ser preso e complicar a vida de meus pais e irmãos. "Aparelho" era o local onde conspirávamos contra a ditadura, fosse em grupos de estudo, fosse no planejamento de ações, ou que servia para abrigar alguém clandestino.

O dinheiro era tanto que, ao me casar meses depois, o aluguel de um bom apartamento com dois quartos no Itaim custava setecentos cruzeiros (o país tinha voltado à moeda que vigorou entre 1942 e 1967). Susana também trabalhava e fazíamos a maior parte das refeições em casa de meus pais.

Fui até o Velho e expus a situação. Responsável e compreensivo, certamente convencido de que a guerra estava perdida, liberou-me com uma frase que atribuiu ao jovem Marx mas que jamais encontrei em pesquisas, até porque é mais apropriada a livros de autoajuda:

— Não queira resolver os problemas do mundo antes de resolver os seus.

Nunca mais o vi. Foi morto sob tortura em outubro de 1970, num sítio nos arredores de São Paulo que pertencia ao deputado estadual da Arena, partido de sustentação da ditadura, e ex-presidente do Corinthians, Wadih Helu.

Tenho pelo Velho Toledo enorme carinho e eterna gratidão. Provavelmente não estaria aqui contando minhas memórias se ele não tivesse me liberado.

A morte de Joaquim Câmara Ferreira soou como o fim de minhas ilusões, já fortemente abaladas por outra morte, também sob tortura, e devastadora em meus poucos vinte anos, a de Norberto Nehring. Norberto retornara ao Brasil, vindo de Cuba, e, assim que desembarcou no aeroporto do Galeão, se viu seguido. Seu relato, dramático, ele deixou manuscrito numa carta a Ia e Marta, sua filha e minha afilhada de batismo.

O convite para ser padrinho de Marta quando eu tinha apenas catorze anos foi das grandes alegrias que tive e, sem falsa modéstia, fui um bom padrinho, desses de ficar com a afilhada todos os dias enquanto ela era bebê para que Ia pudesse ir almoçar na casa de minha tia.

Ia e Marta, minhas adoradas. Cheguei num sábado aqui na terra e, tristeza, já estou frito. Frito! [...]
Recuso-me a procurar a família, não vou envolver ninguém nisto, neste momento e nesta situação. [...]
Estejam certas que qualquer que seja meu destino, amei-as como poucos puderam gostar tanto da esposa e da filha. Da Martinha tenho três desenhos e guardo comigo teu isqueiro, Ia amada. Com vocês tive os melhores momentos da minha vida... sete anos de casamento com altíssima e grande felicidade, mas enfim é a sensibilidade e o sentimento de indignação que nos levam ao protesto. [...]
Nesta vida a senda é estreita. Pisou fora, morreu.

Não viverei para me conformar de ele não ter me procurado. Imagino que poderia tê-lo livrado da enrascada, com uma moto que o pegasse e afastasse da observação da polícia, que o seguiu por Niterói, Campos, Vitória, Belo Horizonte e, finalmente, São Paulo. Ele não sabia que era exatamente essa a minha tarefa na ALN, ajudar a tirar gente do sufoco, e tinha dito a Ia que não procuraria nem a tia Nadir, por muito visada, nem a mim, por muito jovem para ser "queimado".

Soube de sua morte na estreia da Seleção Brasileira na Copa do Mundo de 1970, no México. Naquele dia tive ódio do futebol ao ver as pessoas nas ruas comemorando a vitória por 4 a 1 contra a Tchecoslováquia. E prometi a mim mesmo que mataria o delegado Sérgio Paranhos Fleury, o chefe da polícia política.

Felizmente para minha saúde mental, logo separei de minha paixão pelo futebol a brutalidade daquela perda, situação tão bem retratada no filme *O ano em que meus pais saíram de férias*, do diretor Cao Hamburger.

Freudianamente, também para minha saúde mental, eu ainda matei o delegado Fleury.

Aconteceu que no dia 1º de maio de 1979 Fleury caiu ou foi jogado de um barco em Ilhabela e se afogou. Eu estava com o microfone na mão para anunciar a dupla sertaneja que cantaria em seguida no estádio de Vila Euclides, em São Bernardo do Campo, no "esquenta" da festa do Dia do Trabalhador. Esperávamos por Lula, o qual fizera do lugar o palco das assembleias de metalúrgicos do ABC que decretaram as famosas greves daquele ano. Então, o sindicalista e, mais tarde, um dos fundadores do Partido dos Trabalhadores e deputado federal Djalma Bom disse no meu ouvido:

— Anuncia que o Fleury morreu afogado em Ilhabela.

Pedi silêncio e, solene, anunciei a boa-nova dizendo que o torturador Fleury morrera. Ouviram-se aplausos amplos, gerais e irrestritos de uma multidão de operários. Alguém me convencerá de que não matei o delegado símbolo da ditadura?

As sucessivas derrotas para o aparato da repressão evidenciavam o erro da opção armada, porque o Brasil, de capitalismo arraigado, não era Cuba. Custou caro o aprendizado, porque "nesta vida a senda é estreita; pisou fora, morreu". Mas também porque "é a sensibilidade e o sentimento de indignação que nos levam ao protesto".

No meu caso, ainda aprendiz de política, sem dúvida: a sensibilidade e a indignação! Pois foi pela política, tanto a oficial quanto a do futebol, que as coisas mudaram. Menos do que deveriam, mas mudaram. E começou pelo futebol.

Depois de péssima campanha em 1981, o Corinthians iniciou o ano seguinte sob um modelo de gestão que ganhou o nome de Democracia Corinthiana, para desgosto da imensa maioria da imprensa paulista, reacionária como ela só. Apenas a *Placar*, o *Jornal da Tarde* e Osmar Santos apoiaram o novo modelo.

Placar havia publicado uma chamada de capa no princípio de 1982 em que perguntava: "Por que o Corinthians não é um

Flamengo?". A reportagem mostrava as diferenças entre o clube mais popular do Brasil, que acabara de voltar de Tóquio com a Copa Intercontinental na bagagem graças a Zico e companhia, e o Corinthians, o segundo de maior torcida e que iria disputar a Taça de Prata, uma espécie de Segunda Divisão nacional.

No fim do mesmo ano, depois que o Corinthians saiu da Taça de Prata para a de Ouro e ficou entre os quatro primeiros colocados, além de ter sido campeão paulista, o vice-presidente de futebol Adilson Monteiro Alves, um dos fundadores do movimento, mandou-me um bilhete: "Porque o Corinthians não quer ser um Flamengo!".

Votava-se no Corinthians não só para escolher o técnico ou o goleiro a ser contratado, como também para decidir se o ônibus que trazia o time dos jogos no interior de São Paulo deveria parar para o jantar num restaurante à beira da estrada ou seguir direto para o clube, onde cada um pegaria seu automóvel e iria para casa.

Sócrates contava que perdia sempre, porque não queria parar na estrada. Casagrande também se deu mal, porque pôs em votação se poderia voltar antes dos outros jogadores de uma excursão à Ásia, apaixonado que estava pela namorada com quem acabaria se casando, e perdeu.

Até hoje recebo pedidos de entrevista, em regra de pesquisadores estrangeiros, sobre a Democracia Corinthiana. Costumo dizer que seu surgimento foi fruto de um desses acidentes produzidos pela história, como a caçada de patos que Trótski foi fazer na região de Tver, ao norte de Moscou, e redundou numa pneumonia que o manteve hospitalizado, enquanto Lênin agonizava e Stálin articulava para tomar o poder.

De repente, num mesmo clube, juntaram-se um médico irrequieto e progressista, o Doutor Sócrates; um negro com enorme capacidade de articulação, além da simpatia sedutora, o lateral esquerdo Wladimir; um jovem rebelde e drogadito, o artilheiro Casagrande; e um barbudinho estudante de sociologia, contrário à ditadura, o homem forte do futebol, Adilson Monteiro Alves.

Em torno da DC há muitas lendas, todas forjadas pelo já citado reacionarismo de nossa imprensa esportiva. Dizia-se que era uma democracia de quatro e bobagens do gênero, como se todos os demais jogadores não passassem de inocentes úteis.

Os casados não precisavam se concentrar, mas havia quem, como Eduardo, o ponta-direita mineiro titular do time, se concentrasse para evitar noites maldormidas por causa do choro de bebê recém-nascido. Edu, então, às sextas-feiras, pegava o grupo de jogadores solteiros, ia para a balada com eles e os trazia de volta, pontualmente, no horário marcado pelo treinador.

Quem sacou o nome do movimento foi Washington Olivetto, por mais que ele atribua isso a mim. Estávamos num debate, no começo de 1982, no Tuca, o teatro da PUC, quando citei de cabeça uma frase de Millôr Fernandes, de sua peça *Liberdade, liberdade*, de 1965 — um ano depois do golpe —, frase que aqui reproduzo literalmente: "Se o governo continuar deixando que certos jornais façam restrições à sua política financeira; se continuar deixando que alguns políticos mantenham suas candidaturas; se continuar permitindo que algumas pessoas pensem pela própria cabeça; se continuar deixando que os juízes do Supremo Tribunal Federal concedam *habeas corpus* a três por dois; e se continuar permitindo espetáculos como este, com tudo que a gente já disse e ainda vai dizer — nós vamos acabar caindo numa democracia!".

Adaptei-a mais ou menos assim:

— Se os jogadores continuarem a escolher o técnico do time, se votarem até para saber se o ônibus deve seguir viagem ou parar no restaurante à beira da estrada, se o time deve ir para concentração ou não, vamos acabar caindo numa democracia. Numa democracia corintiana, é verdade, mas numa democracia.

Palavras o vento leva, e as levaria caso Olivetto imediatamente não anotasse o termo e o mostrasse a Adilson, dizendo:

— Já temos a marca.

Curioso é que, meses depois, criei o Dia 15 Vote, estampado nas costas das camisas alvinegras, e a frase é atribuída a Olivetto.

Explico: teríamos eleições para governadores no país todo em novembro e havia uma questão que dividia a esquerda: como participar de eleições ainda sob ditadura? Os mais radicais eram a favor de uma campanha pelo voto nulo ou abstenção. Eu já estava mais do que convencido de que a saída era pela política e que, se déssemos uma sova nos candidatos governistas, a ditadura não se sustentaria por muito tempo mais. Quanto mais gente votasse, maior a chance de vitória. Não poderíamos, obviamente, botar na camisa do Corinthians um apelo "Vote na oposição". Mas conclamar todos a ir às urnas era factível. A ideia foi aceita e o Vote Dia 15 um tal sucesso que a ditadura, via Conselho Nacional de Desportos, proibiu que se repetisse.

É claro que não foi por esse motivo que a oposição ganhou em quase todos os maiores colégios eleitorais, mas isso ajudou a intensificar o clima da redemocratização. Na poluição das grandes cidades brasileiras havia um indisfarçável desejo de limpeza, de oxigênio novo, e a brisa, aos poucos, virou uma ventania. As massas foram para as ruas em comícios jamais vistos, sob a batuta de Osmar Santos, o Locutor das Diretas, narrador de futebol que significou um marco na história da transmissão esportiva no país: a.O. e d.O.

Osmar partiu alienado de Marília para São Paulo, onde se politizou rapidamente, com a sensibilidade que trouxe do berço, e mostrou-se capaz de expressar a vontade popular como raramente se vê um comunicador de massas fazer. Sua narração na Rede Globo da vitória de um brasileiro, João da Mata, na prova de São Silvestre em 1983 o levou a ser escolhido para comandar o comício pelas Diretas Já em Curitiba, e daí em diante foi ele que comandou as enormes manifestações em São Paulo e no Rio, embora a Globo não apoiasse a campanha. Também participou de outras campanhas. Numa delas, de Fernando Henrique Cardoso para suplente de senador, em 1978, levamos o candidato à sua cabine na Rádio Globo e nos divertimos a valer com as gafes futebolísticas de FHC.

Jogavam Corinthians e Palmeiras, no Morumbi. O Alvinegro tinha Biro-Biro em seu meio de campo, e o Alviverde o goleiro Gilmar. FHC manifestou sua surpresa ao ouvir o nome de Gilmar.

— Mas ele ainda joga? — perguntou, confundindo o jovem goleiro com Gylmar dos Santos Neves, lendário bicampeão mundial pela Seleção Brasileira, em 1958 e 1962, e pelo Santos, em 1962 e 1963, cuja carreira se encerrara nove anos antes.

Quando Osmar citou Biro-Biro, FHC não se segurou:

— Biro-Biro?! Eu jurava que Biro-Biro era uma jogada, assim como bicicleta!

Já em 1984, no Vale do Anhangabaú, em São Paulo, diante do então calculado número de 1,5 milhão de pessoas, as Diretas Já e a Democracia Corinthiana se encontraram no palanque, quando Sócrates prometeu não ir jogar fora do Brasil se o Congresso Nacional aprovasse as eleições diretas.

Antes do comício, subimos numa camionete ao lado de Oscar Ulisses, irmão de Osmar e também narrador da Rádio Globo, para difundir palavras de ordem. Em torno dela, as pessoas cantavam: "PT, PT, PT, PT, PT, PT, PT!", e eu, megafone em punho, fazia coro, com outra sigla: "PC, PC, PC, PC!". Oscar percebia e se divertia.

Não só o Congresso Nacional não aprovou as diretas, como o Doutor foi para Florença e a Democracia Corinthiana desapareceu na eleição de um dinossauro para a presidência do clube, em oposição a Adilson Monteiro Alves. Porque a superestrutura do futebol será a última a mudar no Brasil, por ser avessa a mudanças, além de corrompida e corruptora.

O sistema eleitoral nos clubes só muito recentemente começou a se democratizar. Antes, como quando a Democracia Corinthiana foi derrotada, havia eleições em que só votavam os conselheiros, grande parte dos quais era composta de vitalícios. Não é por acaso que o topo da pirâmide, CBF e federações estaduais, herança das Capitanias Hereditárias à semelhança dos cartórios, é ocupado por essa cartolagem que nos assola.

O Corinthians vinha de um bicampeonato paulista e havia perdido o tri apenas no último jogo contra o Santos por 1 a 0, prejudicado pela arbitragem. Mesmo assim, Adilson Monteiro Alves acabou derrotado, e na noite da eleição os vitoriosos, comandados pelo presidente eleito Roberto Pasqua, tiveram que sair pelos fundos do clube, porque a torcida, enfurecida, invadiu o Parque São Jorge.

Qual Quixote, seguíamos derrotados sonhando nossos sonhos impossíveis.

4. A vingança francesa e a de Montezuma

Certamente não foi por ignorar o que era Biro-Biro, nem por ter sentado antes da votação na cadeira do prefeito em foto para futura capa de *Veja São Paulo*, talvez por ter ficado claro que era ateu num debate com Jânio Quadros, o fato é que FHC perdeu a eleição, contrariando todas as pesquisas científicas, as de boca de urna inclusive, com exceção da feita pela Rádio Jovem Pan.

Estávamos pouco acostumados com eleições majoritárias e eu nunca mais viria a sentir tanto uma derrota. Jânio, com 1,57 milhão de votos, venceu FHC por 140 mil votos, e Eduardo Suplicy, o candidato do PT que não fez campanha pelo voto útil, ficou em terceiro, com 827 mil votos. Na época não havia segundo turno.

Começava ali a burra rivalidade entre PSDB e PT que virou nacionalmente fratricida, jogou o tucanato nos braços da direita no século XXI e os petistas nos braços do PMDB de Michel Temer.

FHC, uma década depois, chegou à Presidência da República e deu graças por ter perdido para Jânio.

— Provavelmente eu teria me queimado e não chegaria ao Planalto — disse a mim em entrevista ao vivo na TV.

Mas a derrota da esquerda e, então, da centro-esquerda, teve sabor de fel. Adilson Monteiro Alves e eu havíamos montado o Comitê de Esportistas para apoiar FHC prefeito. As adesões se sucediam e todos davam a vitória como certa, ninguém contava com o chamado voto envergonhado, de quem não tinha coragem de dizer que votaria de novo em Jânio Quadros, o fujão maluco que renunciara à Presidência da República em 1961 com apenas sete meses de governo.

Houve momentos tristemente bizarros no dia da eleição para a prefeitura paulistana. Uma festa da vitória estava programada num clube perto do apartamento de FHC, em Higienópolis, assim que as urnas fossem abertas. Como seguro morreu de velho, tratei de ir à *Folha de S.Paulo* para ver o anúncio da pesquisa de boca de urna. Confirmado que FHC venceria, dirigi-me ao clube com o rádio do carro ligado, sadicamente, na Jovem Pan, que teimava em insistir na vitória do carcomido janismo. O primeiro voto aberto foi de Jânio e, à medida que a contagem aumentava, a diferença para ele ficava cada vez mais clara. O clube nem abriu suas portas e fui embora com cara de tacho. Jânio e a Pan venceram.

A vida é dura e ficaria pior no ano seguinte, 1986, o da Copa do Mundo, pela segunda vez no México.

Na Espanha, ainda no Sarrià, chorei, embora tenha bancado o homenzinho assim que a derrota para a Itália se consumou, ao distribuir as orientações finais da cobertura da *Placar* aos dois repórteres que estavam comigo, Carlos Maranhão e Marcelo Rezende, ambos em choque com a eliminação da Seleção. Ordens dadas, subi as escadas do estádio para acompanhar a transmissão das telefotos do fotógrafo gaúcho J.B. Scalco, chamado de Van Gogh dos Pampas, tão nítidas eram as cores de suas imagens. Aí, do nada, surgiu o repórter da Rádio Globo, Arlérico Jácome, que me segura pelo braço e diz ao microfone, até onde sou capaz de reproduzir:

— Osmar, Osmar, estou aqui com o diretor da revista *Placar*, arrasado como todos nós. Juca, o que você tem a nos dizer?

Tentei afastar o microfone e fiz com a cabeça o gesto de que não queria falar. Mas, microfone na boca e diante do olhar súplice do repórter, respirei fundo e comecei:

— Eu só lamento que Zico, Sócrates, Falcão e Cerezo nunca mais poderão ser campeões mundiais, porque estarão velhos na próxima... — E não consegui completar.

No meu texto para edição do "Que pena, Brasil", escrevi sobre a triste impressão. Estava enganado, redondamente enganado. Porque, com exceção de Cerezo, os demais estariam a postos no México.

Seguia eu em minha boa vida como diretor da *Placar*, vida mais fácil que a da revista, raramente em azul no fim de cada ano. A ponto de um dia, em mais uma tentativa da Abril para fechá-la, Roberto Civita perguntar:

— Você acha que a editora tem obrigação de ter uma revista de futebol?

Respondi:

— Não, é claro.

— Mas você tem, não é? — ele concluiu.

— É, tenho — concluí eu.

E *Placar* não fechou.

A bagunça do futebol brasileiro contribuía muito para a dificuldade de sobrevivência da revista. Todas as publicações da editora faziam uma reunião anual de planejamento. A nossa fazia duas, porque nunca sabíamos coisas prosaicas como em que semestre seriam os campeonatos estaduais e o nacional. No caso, a ordem dos torneios alterava o produto, porque mexia com seus resultados, sua rentabilidade, pois vivia quase exclusivamente das vendas em bancas, sem assinaturas e com pouca publicidade.

Em 1984 a revista voltara a ter forte repercussão. O Palmeiras, que vivia o oitavo ano de jejum, algo absolutamente raro em sua trajetória, liderava o Campeonato Paulista e tudo indicava que o venceria, comandado pelo futebol refinado de Mário Sérgio Pontes de Paiva, apelidado de Vesgo porque olhava para um lado e enfiava a bola no outro, jogador extremamente criativo, irreverente e temperamental.

Anos depois, ainda na fila por um título, o time palmeirense ia tão bem que a torcida alviverde era a mais presente aos estádios, motivo até de uma chamada na capa da *Placar* que me deu dor de cabeça: "A Fiel verde está feliz". Meu filho mais velho, André, então com onze anos, ao ver a capa, advertiu que causaria confusão. Não liguei. Na mesma semana, ao ir com ele a um jogo do Corinthians no Pacaembu, vejo, do outro lado do estádio, uma faixa aberta pela Gaviões da Fiel, a maior torcida organizada do clube: "Juca Kfouri... só existe uma Fiel Torcida". André aponta e, claro, não segura o inevitável: "Eu não disse?". Minimizo ao responder que aquilo só mostrava o prestígio da revista.

Se parasse por ali, tudo bem, mas no intervalo, com o Corinthians perdendo, ouviu-se um coro no estádio:

— Ê, ê, ê, o Juca vai morrê!

Os torcedores das numeradas descobertas onde estávamos não entendiam nada e, soube depois, o filho de nove anos de um amigo perguntou a ele:

— Mas é o "nosso" Juca, pai?

O pior ainda estava por vir em 1984. Mário Sérgio foi pego no antidoping após um clássico contra o São Paulo e corria o risco de uma suspensão que o tiraria do campeonato, o que significava uma ameaça para o título palmeirense.

O Palmeiras o defendeu muito mal, chegou até a dizer que a urina colhida não era a dele, mas a de uma mulher grávida; quis tumultuar a tal ponto, que nós, da revista, resolvemos investigar a fundo o episódio. Estranhávamos, inicialmente, o fato de num jogo tão tumultuado apenas ele, Mário Sérgio, não ter participado de uma confusão envolvendo todos os demais jogadores em campo. Ora, supúnhamos, estivesse dopado, não seria o primeiro a se descontrolar?

Só que não. Descobrimos outros casos em que ele ou foi para o exame antidoping com xixi "emprestado" por outros jogadores ou ofereceu doping a seus companheiros, e revelamos que de fato Mário Sérgio jogara dopado contra o São Paulo. O julgamento no tribunal esportivo o tirou do campeonato.

Lembremos que, na época, eu comentava para o SBT. No mesmo Pacaembu onde anos depois seria alvo de manifestação dos corintianos, cheguei à cabine para fazer o jogo entre Palmeiras e Portuguesa. A cabine ficava no setor das numeradas cobertas, à vista dos torcedores. Assim que apareci, fui saudado pela elite alviverde com coro de "Juca Kfouri, filho da puta!". Identifiquei dois amigos virados para a cabine participando da carinhosa manifestação: o economista Luiz Gonzaga Belluzzo, professor da Unicamp e futuro presidente do Palmeiras, e o jornalista Roberto Müller, simplesmente diretor de redação da *Gazeta Mercantil*, então o principal jornal de economia do país.

Ao voltar para casa, liguei para Müller. Às gargalhadas, ele se explicou:

— Minha filha estava comigo e passou a te odiar. Tive de ficar solidário a ela e aos que estavam em volta.

Ah, a paixão pelo futebol!

Em seguida, o Dérbi, Palmeiras × Corinthians, no Morumbi. Ao chegar ao estádio, fui abordado por dois homens enormes.

— O sr. Adilson Monteiro Alves nos mandou garantir a sua segurança — disseram.

Foram comigo até a cabine, ficaram na porta até o fim do jogo e me escoltaram até meu carro. O Corinthians ganhou por 2 a 1, de virada. O Palmeiras despencou e deixou a disputa do título ao empatar com o Guarani, outro jogo que cobri para a TV.

Na volta de Campinas, com o fotógrafo Sérgio Berezovsky, paramos num posto de gasolina para matar a sede. Pedimos duas Coca-Colas e fomos cercados por torcedores alviverdes: *Placar* era a "culpada" pela derrocada palmeirense.

Não adiantava explicar coisa alguma. O mais indignado dizia querer "ver o Palmeiras campeão nem que fosse com um gol de mão, em impedimento, no último minuto". As duas garrafas de Coca, suadas de tão geladas, em cima do balcão, inalcançáveis. Um torcedor mais piedoso se aproximou de mim e disse baixinho:

— Eu, se fosse você, iria embora, porque vai chegar o ônibus da Falange Verde e o fulaninho [não me lembro do nome, apenas que era diminutivo] está "maquinado" e, se ele te encontrar aqui, vai te passar fogo.

Olhei para o Berê, para as garrafas no balcão, pensei nos meus então três filhos, e fomos embora. Até hoje visualizo aquela Coca intocada...

Fomos ao México com a esperança de tirar o pé da lama, eu com jornada dupla — porque comentarista do pool SBT-Record. J. Hawilla era um dos chefes da equipe de TV, ele que depois trocou o jornalismo pelos negócios, fundou a Traffic, afundou em corrupção e transformou-se num delator dos esquemas da CBF e da Fifa, proibido que está de sair dos Estados Unidos, detido em casa pela Justiça americana.

Telê Santana havia sido chamado de volta pela CBF e, tendo classificado a Seleção sem derrota nas eliminatórias, comandava o grupo na Copa, com Zico baleado, Sócrates estropiado e Falcão envelhecido.

Em agosto de 1985, Zico fora atingido por um carrinho assassino do zagueiro Márcio Nunes, do Bangu. O joelho esquerdo do Galinho de Quintino, ídolo do banguense e torcedor rubro-negro, ficou em petição de miséria. A tal ponto que Zico ainda fazia fortalecimento muscular durante a Copa para tentar disputá-la depois de ter recusado a convocação mas acabado por ceder diante dos apelos de Telê.

Como fizera João Saldanha com Tostão ao apostar tudo na recuperação do olho do gênio em 1969, Telê jogava todas as suas fichas na volta de Zico. Era comovente ver o craque se exercitando desde a manhã até a noite. Naquele tempo, nós, jornalistas, tínhamos acesso quase livre aos jogadores, sem as barreiras impostas a partir da Copa de 1998, na França. Até ficarmos nos mesmos hotéis que eles, como em 1994, nos Estados Unidos, era comum.

Com o correr da Copa, Telê mostrava-se diferente de quatro anos antes, cara fechada, de pouca conversa e misterioso. O time ia vencendo, mas não convencia. Sócrates sofria com uma hérnia de disco que o travava e Falcão sentia o peso dos anos. O treinador trocou o experiente zagueiro Oscar, titular absoluto na Espanha, pelo jovem Júlio César, 23 anos, do Guarani de Campinas, e, chocante, o refinado Paulo Roberto Falcão pelo esforçado Elzo, do Atlético Mineiro.

Como Telê andava inconversável, invariavelmente recluso em seu chalé na concentração em Guadalajara, um belo dia sou procurado por Oscar e Falcão, que me pedem que eu fale com ele, num apelo para voltarem ao time como titulares. Surpreso, tentei mostrar aos dois o absurdo do pedido.

— Você é o Rei de Roma, você o zagueiro da Copa de 82, e vocês acham que eu é que vou convencê-lo? — escapei.

Tinha de fato uma relação especial com Telê, fundamentalmente por termos dividido quartos de hotel e a função de comentaristas do SBT em 1985, antes de ele reassumir a Seleção. Dividido a função de comentaristas não é bem a expressão. Eu esperava que ele comentasse para acrescentar alguma coisa, porque posso não ser inteligente, mas burro também não sou.

O relacionamento era especial, ainda, por causa de um acontecimento de duas décadas antes, quando eu tinha apenas seis anos e fui me tratar de uma tuberculose ganglionar em Ilhéus, Bahia, na casa de um tio-avô, médico casado com a irmã de minha avó, a tia Esther.

Cheguei lá febril e no terceiro ou quarto dia a febre havia desaparecido. À noite, tio Pacheco voltou para casa com uma ótima notícia: comprara ingressos para um jogo amistoso em Itabuna, ali pertinho, do Fluminense. Exultei, porque até então nunca tinha ido a um campo de futebol. Na véspera do jogo, a febre voltou, talvez até por excitação, e ele me explicou, condoído, que eu não iria mais. Mas prometeu uma surpresa. Pensei que ganharia uma bola.

No domingo pela manhã, minha mãe entra no quarto, diz para eu escovar os dentes e ir para a sala. Vou e dou de cara com um bando de adultos em volta de meu tio, bebendo água de coco, que eu detestava. Era simplesmente o time do Fluminense!

Troquei do colo do grande goleiro Castilho para o do zagueiro Pinheiro, para o do ponta-esquerda Escurinho e para o do ponta-direita Telê Santana. Que me deu uma caderneta com o escudo do Flu.

Em nosso primeiro encontro na Espanha, lembrei o episódio a ele, que brincou:

— Se você falar mal de mim, vou contar pra todo mundo que você já sentou no meu colo.

Aconteceu de, em 1984, eu ancorar um programa na Abril Vídeo, às segundas-feiras, num horário arrendado pela Abril da TV Gazeta, com o nome da *Placar*. Calhou de numa mesma noite ter Castilho, então treinador do Santos, e Telê. Em meio à entrevista, pisquei para Telê e perguntei a Castilho:

— Na época em que vocês jogavam era comum, como hoje em dia, ir visitar crianças doentes em hospitais e casas de família?

Castilho pensou um pouco e respondeu:

— Em hospitais fui algumas vezes. Agora, em casa de família

eu só me lembro de uma vez. — Virou-se para Telê e indagou: — Lembra, Telê? Nós fomos ver um menino paulista na Bahia, que deve ter morrido porque estava muito fraquinho.

— O menino era eu! — exclamei.

Castilho não acreditou de cara. Quando viu a confirmação de Telê, que a tudo assistia divertido, levantou-se, levando junto o fio do microfone, e me abraçou com os olhos marejados. É ou não é digno de Forrest Gump?

Aos 59 anos, Castilho suicidou-se. Um dos maiores ídolos da história do Flu, era chamado de São Castilho ou de Leiteria, por ter frequentemente a sorte de ver bater na trave bolas que seriam indefensáveis. Obcecado por jogar, certa vez determinou, e sua ordem foi acatada, que lhe amputassem a metade do dedo mindinho da mão esquerda para não ter de esperar o tempo necessário para a consolidação de uma fratura. Em 1987, estava trabalhando como treinador na Arábia Saudita, foi visitar a ex-mulher no Rio e atirou-se do apartamento, sem explicação.

Telê merece que se conte outra história, esta passada em Santiago, quando ainda dormíamos, depois que a Seleção Brasileira, dirigida por Evaristo de Macedo, perdeu para a chilena por 2 a 1. Era pedra cantada que o técnico cairia e que o presidente da CBF, Giulite Coutinho, o único número um da entidade honesto que conheci, queria a volta de Telê. Toca o telefone no quarto do hotel, ali pelas sete e meia, e digo a ele:

— Atende que só pode ser pra você.

Telê atende monossilábico, conversa por no máximo um minuto, "hum, hum" pra cá, "hum, hum" pra lá, "sim", "tudo bem", "o.k.", "um abraço". Quando desliga, pergunto:

— Era o Giulite?

E escuto de volta:

— Não chateia e dorme.

Claro que nem eu nem ele dormimos. Depois de uns quinze minutos ouvindo-o se mexer na cama, anunciei que iria tomar o café da manhã e ver se os policiais chilenos (lembra deles?) estavam no saguão. Telê, então, sentou-se na cama e falou:

— Ó, era mesmo o Giulite. Marcamos de conversar hoje ao chegar no Rio e, se eu voltar à Seleção, desde que você fique quieto até lá, vai ser a única notícia exclusiva que vou dar pra vocês do SBT.

Trato feito, trato cumprido. Assim que disse sim, me avisou, passei para o repórter Jorge Kajuru, que mandou ao ar em primeira mão.

Na Copa, teríamos uma França pelo caminho para começar uma escrita de derrotar o Brasil que se repetiria em 1998 e em 2006. Apenas uma vez brasileiros e franceses tinham se encontrado em Copas do Mundo. Na Suécia, em 1958, na semifinal, 5 a 2 para o Brasil, mas contra dez franceses, porque o centroavante brasileiro Vavá, numa dividida com o zagueiro Jonquet, quebrou-lhe a perna quando estava 1 a 1. Substituições eram proibidas e os franceses sempre justificaram assim a derrota.

A vingança veio cruel no México, na cidade de Guadalajara. O Brasil saiu na frente, gol de Careca, e a França empatou com Michel Platini. Telê pôs Zico no jogo. Na primeira bola que este pegou, com a precisão de quem nem parecia estar parado havia tanto tempo, Zico lançou para Branco, que acabou derrubado na área. A regra é clara: falta na área é pênalti.

Sócrates leva a bola com as mãos e parece oferecê-la a Zico. Aqui as versões divergem. O Magro sempre disse que perguntou a Zico se ele queria bater, porque ele era o batedor oficial.

— Com o Galo em campo quem bate é ele — dizia Sócrates.

Mas Zico estava frio, tinha acabado de entrar.

Zico não conta exatamente isso. Diz que o Magro lhe disse:

— Bate você.

Ele bateu e Bats defendeu, parece jogo de palavras, mas foi o que aconteceu, e o jogo, depois de uma sofrida prorrogação, com os dois times esfalfados, foi para a marca de pênaltis. Quando vi Sócrates caminhando em direção à área para fazer a primeira cobrança, falei na transmissão, ao lado de Silvio Luiz, o narrador do "olho no lance!", excelente companheiro de trabalho:

— Nunca vi o Sócrates perder um pênalti decisivo.

Então, sem tomar distância, ele bateu, e Bats defendeu com facilidade. Silvio Luiz não perdoou:

— O Juca acaba de ver o Sócrates perder um pênalti pela primeira vez.

Alemão, Zico e Branco converteram suas cobranças em seguida, Platini desperdiçou a dele, e ficou tudo igual. Daí Júlio César mandou uma bomba na trave e a França fechou a disputa em 4 a 3, não sem antes bater um pênalti em que a bola foi à trave, voltou nas costas do goleiro Carlos e entrou.

Na mesa-redonda após a eliminação, critiquei Sócrates pela displicência. No dia seguinte, nos encontramos e, sem aparentar mágoa, o Doutor me disse:

— Juquinha [assim me chamava, sei lá por quê, pois tenho 1,86 m], não esperava isso de você.

— Pombas, Magro, você nunca agradeceu os elogios, nem precisava, mas, na primeira vez que critico, me vem com essa — reagi.

— Não, não foi pela crítica. Achei que, me conhecendo como você me conhece, teria de dizer outra coisa, não isso de não tomar distância, porque há tempos eu só vinha batendo assim.

— Que outra coisa?

— Quantas vezes você me viu bater o primeiro pênalti? Sempre bati o último. E nunca perdi porque fico concentrado, examinando o goleiro. Quando vou cobrar, sei exatamente o que fazer, saio determinado do meio de campo, não ouço nada por mais lotado que esteja o estádio, por mais que o goleiro queira me provocar. Quando o Telê me disse para bater primeiro, pensei que tinha algo errado ali. E pela primeira vez na vida andei até a marca do pênalti ouvindo o estádio e pensando no Brasil.

Ele tinha razão, e eu perdi uma chance de "se consagrar", como diria Milton Leite, o narrador da SporTV.

Aqui peço licença para resumir o quanto possível uma passagem quase escatológica. Uma vingança menor que a francesa, mas capaz de tirar um homem do sério: a vingança de Montezuma.

Não sei se é assim até hoje, mas a primeira recomendação feita a quem vai ao México é evitar a água de lá, pela capacidade de provocar disenterias a granel. Por motivo óbvio, saladas também devem ser evitadas. A água não era problema, resolvia-se com cerveja e, às vezes, com água mineral.

Silvio Luiz e eu fomos até a cidade de Nezahualcóyotl, também chamada de Neza, por razões ainda mais óbvias, fazer um jogaço, com a retumbante vitória da Dinamarca por 6 a 1 sobre o Uruguai. Num calor senegalesco embora estivéssemos no México, pedi uma Coca-Cola no bar do estádio e a tomei quase de um gole. Estava uma delícia, bem gelada. Com gelo. Com pedras de gelo! Gelo, como até eu sei, é feito com água e... melhor teria sido não tomá-la, como em Campinas.

Voltamos para a Cidade do México e no dia seguinte fui para Guadalajara, onde a Seleção treinaria para enfrentar a França. Acordei ligeiramente indisposto e segui para o aeroporto. No avião percebi que a coisa estava feia.

Teimoso, ao desembarcar tomei um táxi e pedi para ser levado à Universidade de Guadalajara. Já sentia um pouco de febre, mas me consolei com a ideia de que, ao chegar ao meu destino, teria infraestrutura adequada (banheiro, se não fui claro) e os médicos da Seleção.

Estranhei o caminho feito pelo motorista e a demora. Quando chegamos, não chegamos. Estávamos na universidade errada, na Universidade Autônoma de Guadalajara e não na Universidade de Guadalajara. Enlouqueci. Briguei com o taxista, saí do carro sem pagar e fui em busca de outro táxi numa área deserta.

Passados uns cinco minutos, aproxima-se um carro da polícia. Descem dois soldados e mandam, sem gentilezas, que eu pague a corrida. Quando penso em xingá-los, me dou conta do incômodo que seria ser preso na situação em que me encontrava. Revelo minha indignação com o mau atendimento, explico que não sou gringo, mostro a credencial de imprensa, digo que sou um *hermano* latino-americano, mas, aparentemente, não os comovo.

No que pago, eles dizem, aí com toda a educação, para eu entrar no táxi que ele me levaria ao destino certo. Rejeito com veemência a oferta, digo que nunca mais quero ver aquele homem na minha frente e de novo saio em busca de outro táxi, num lugar deserto, sol a pino, já decidido a ir para o hotel, que se danasse o treino. Por que somos capazes de cometer tamanhas imbecilidades contra nós mesmos?

Caminho por uns quinze minutos até encontrar um bendito/maldito táxi, um carro caindo aos pedaços e com o rádio em altíssimo volume. Peço ao motorista para baixar o som. Ele pergunta se eu não gosto de música mexicana. Fora de mim, digo que não gosto de música mexicana nem dos mexicanos e mando que ele ande mais devagar. Também irritado, ele reage dizendo que os freios estavam ruins.

Ao chegarmos ao hotel, o taxímetro marcava, digamos, oitenta pesos. Dou uma nota de cem e ele diz que não tem troco. Corro para a recepção, troco o dinheiro e, quando volto, o taxímetro marcava 120 pesos. Explodo com o cara, jogo os oitenta pesos no banco e subo para o quarto.

Já deitado na banheira com água morna, as fichas de minha

estupidez começam a cair uma por uma. Por que raios não aceitei a indicação dos policiais?

Quando decido tentar dormir e me aproximo da janela do quarto para fechar a cortina, olho para baixo e o que vejo? O táxi parado onde o deixei, um carro de polícia, e alguns jornalistas brasileiros conversando com o taxista e com os soldados. É claro que não desci para saber o que estava acontecendo. Fechei a cortina e dormi umas quatro horas.

Ao acordar, estava realmente mal, ardendo em febre. Pedi um médico ao pessoal do hotel e veio o inesquecível dr. Bolaños. Diagnosticou prontamente a famosa vingança de Montezuma, receitou um remédio, e recomendou que eu jejuasse e me hidratasse, com SevenUp, uma soda limonada. O remédio eu deveria tomar na hora das refeições, mas, "atenção", ele alertava, muito sério:

— Não haverá refeição!

Quando digo que preciso acordar bem porque ao meio-dia haveria o jogo contra a França, dr. Bolaños é peremptório:

— Em hipótese alguma!

No fim da tarde, Sócrates, de folga depois do treino matinal, por estranhar minha ausência, bate na porta do quarto e entra com João Ubaldo Ribeiro, então colunista de *O Globo* e um dos papos mais gostosos do mundo. Quando o Magro vê a medicação em cima da mesa, se assusta:

— Mas isso não é para disenteria. É remédio para tifo.

Como eu não estava para muita conversa, desdenhei de sua abalizada opinião, e fui imediatamente repreendido por João Ubaldo.

— Eu estudei medicina por três anos e ele está certo — assegurou.

Claro que era mentira.

Ali pela meia-noite, sem sono, o remédio já fazendo efeito e umas seis garrafinhas de SevenUp depois, senti uma fome monstra. Lembrei do que minha mãe ensinou:

— Se o corpo pede, faça.

E fiz. Pedi uma canja ao serviço de quarto. Que caiu muito bem e não morri. Dormi.

Fui para o jogo sem café da manhã. Ao chegar perto do estádio, lembro do cheiro forte das barracas de comidas típicas, e é só do que me lembro, até sentir u'a mão pesada em minha nuca e ouvir alguém dizer em português para eu fazer força. Suava em bicas e tinha perdido os sentidos.

Agradeci o auxílio, entrei no estádio, fiz o jogo para a TV, a mesa-redonda, e voltei para o hotel, onde tive um acesso de choro como poucas vezes em minha vida, provavelmente pela derrota somada à fraqueza.

Dr. Bolaños telefonou e, ao saber da desobediência, ficou verdadeiramente muito bravo. Pedi licença aos comandantes da operação televisiva e embarquei para o Brasil no dia seguinte.

Vi em São Paulo a final entre Argentina e Alemanha. Derrotado e disposto a não ir mais às Copas do Mundo.

Houve uma compensação, no entanto, surpreendente. O SBT depositou em dobro o salário no mês seguinte à Copa. Liguei para quem de direito e alertei sobre o equívoco. Não era.

— Silvio Santos gostou tanto da cobertura que mandou pagar em dobro — ouvi de volta.

Que patrão!

5. Fundamos a Premier League. Que afundou...

Mal-acostumado porque entre 1958 e 1970 venceu três das quatro Copas do Mundo, o futebol brasileiro sofreu um baque com mais uma eliminação em 1986, a quarta seguida sem que a Seleção chegasse à decisão.

Diga-se que o tricampeonato da Seleção se deveu à excelência de Pelé, Mané Garrincha, Didi, Tostão, Rivellino, Gérson, Jairzinho, Nilton e Djalma Santos, Gylmar, Mauro, Carlos Alberto, enfim, aos jogadores, apesar da cartolagem.

Para ser presidente da CBD, fundada em 1914 e que passou a se chamar CBF a partir de 1979, bastava ter os votos dos presidentes das federações estaduais, capazes de vender seu apoio por preços módicos e mordomias no Rio em época de eleição. A legislação esportiva brasileira era norteada pela Constituição de 1937, do Estado Novo da ditadura Vargas, impregnada de conceitos da famosa "Carta del Lavoro", do líder fascista italiano Benito Mussolini.

Jamais houve, como não há até hoje, verdadeira democracia na escolha do presidente da CBF, tanto que, quando a legislação se modernizou e deu, por exemplo, direito de voto aos clubes, a CBF aumentou o peso do voto das 27 federações. Atualmente são eleitores as 27 federações e quarenta clubes, vinte da Série A e vinte da Série B. Os vinte clubes da Série A têm peso 2, os da B têm peso 1, e as federações... tchan, tchan, tchan, tchan... têm peso 3. Ou seja, têm 71 votos, têm maioria contra os sessenta votos dos clubes.

Em 1987, já finda a ditadura pós-golpe de 1964, a CBF, falida, anunciou que não haveria Campeonato Brasileiro por falta de recursos para organizá-lo. Os chineses têm razão. Crise é oportunidade. Quando quem tem o poder abre espaço, é inevitável, alguém trata de ocupá-lo, e assim foi.

Os dois grandes gaúchos, Grêmio e Internacional, os mineiros Atlético e Cruzeiro, os oito maiores do eixo Rio-São Paulo, Botafogo, Flamengo, Fluminense, Vasco, Corinthians, Palmeiras, Santos e São Paulo, mais o Bahia, em resumo, os treze clubes mais populares do país, se reuniram e criaram o Clube dos 13.

Em busca de parceiros, logo receberam o apoio mais importante, o da Rede Globo. Junto vieram a Varig, que se responsabilizou por passagens e hospedagens, e a Coca-Cola, que patrocinaria todas as camisas, com exceção da do Flamengo, já comprometida com a Lubrax. Como toda revolução, a do futebol cometeu injustiças, e tanto o Guarani de Campinas quanto o América carioca, segundo e quarto colocados no ano anterior, ficaram fora do torneio, trocados por convites aos mais populares Coritiba, Goiás e Santa Cruz.

O passo seguinte foi anunciar que o Brasileirão de 1987 seria chamado de Copa União. Era o embrião da sonhada Liga de Clubes Brasileiros, independente da CBF e das federações estaduais. Registre-se que só cinco anos depois os clubes ingleses fundaram a milionária Premier League.

O processo todo foi muito rápido e *Placar* ofereceu ao campeão o troféu, belíssimo, de autoria do artista plástico paulista Carlos Fajardo, inspirado em colunas gregas, pequeno e leve, para poder ser erguido sem esforço, diferentemente dos monstrengos que caracterizavam a maioria de nossas taças pelo país afora.

Mas, sempre tem um mas, no dia em que, num luxuoso hotel no Rio e com a presença de todos os parceiros, seria celebrado o contrato, previsto para ser assinado assim que o *Jornal Nacional* entrasse no ar e Roberto Marinho, o dono da Globo, em atitude inédita, surgisse para firmá-lo, o inesperado fez uma surpresa. Quando o livro chegou às mãos do milionário, folclórico e inesquecível presidente do Corinthians, Vicente Matheus, ele se recusou a assiná-lo. Diante da incredulidade geral, Matheus, em voz baixa, anunciou:

— É que o Corinthians é diferente. Além do mais, se isso é bom para o São Paulo, não pode ser bom para o Corinthians, que não quis emprestar o Bentinho pra gente.

Matheus, dono de uma pedreira que levava seu nome, não tinha instrução, porque, órfão muito cedo, foi obrigado a tratar do sustento da família. Era simplório, divertidíssimo, e autor de algumas frases impagáveis e de outras a ele atribuídas pelo humorista Ary Toledo: "O Sócrates é inegociável, invendável e imprestável"; "Quem está na chuva é para se queimar"; "Haja o que hajar, o Corinthians vai ser campeão"; "O nosso mais novo reforço é o Quero-Quero" (na época da contratação de Biro-Biro); "Esse é um resultado que agradou gregos e napolitanos"; "Minha gestação foi a melhor que o Corinthians já teve"; "Tive uma infantilidade muito difícil"; "Peço aos corintianos que compareçam às urnas para naufragar nossa chapa"; "Gostaria de agradecer à Antarctica pelas Brahmas que nos mandaram" (quando as duas cervejarias eram rivais, muito antes de a Ambev comprá-las); "Jogador tem que ser completo, tem que ser como o pato, que é aquático e gramático"; "Vou dar uma anestesia geral para os sócios com mensalidade atrasada". Gostava tanto do Corinthians que dizia ser o filho que ele, pai de duas filhas, não teve.

Na madrugada de 14 de outubro de 1977, a seguinte à conquista do título que pôs fim aos quase 23 anos de jejum corintiano, o encontrei no restaurante Gigetto, enlouquecido de felicidade com a vitória do clube que presidia. Ao abraçá-lo, notei que trazia apenas um dos pés calçado e perguntei-lhe se havia perdido o sapato em meio à festa. Ele nem sequer percebera.

Registre-se que estava presente à reunião do Clube dos 13 o argentino Jorge Giganti, presidente da Coca-Cola no Brasil. Giganti embarcaria naquela mesma noite para Atlanta, nos Estados Unidos, onde haveria a convenção anual da empresa e ele seria a maior atração com o *case*: "Nós compramos o futebol tricampeão mundial".

Giganti e mais dois dos principais articuladores do Clube dos 13, Carlos Miguel Aidar, presidente do São Paulo e do Clube dos 13, e Márcio Braga, presidente do Flamengo, foram com Matheus para uma sala à parte e ficaram em reunião por intermináveis quinze minutos, o bastante para Roberto Marinho ir embora.

Ao voltarem os quatro, Matheus todo pimpão e sorridente, anunciou-se que o Corinthians também não ostentaria a Coca-Cola em sua camisa, mas sim a Kalunga. O *case* de Giganti sofria um baque e tanto, porque simplesmente os dois clubes de maior torcida não estampariam sua marca.

O mais hilariante ainda estava por acontecer. O Grêmio era presidido por Paulo Odone, outro entusiasta da ideia, executivo de um grande banco gaúcho. Quando chegou a vez de ele firmar o contrato, avermelhou como não fica bem para um gremista. Levantou-se, desculpou-se e explicou-se:

— Se eu assinar este contrato, sofrerei imediatamente um processo de impeachment. Só agora percebi que o nome da Coca-Cola aparecerá em vermelho nas camisas, e é cláusula pétrea de nosso estatuto que essa cor é proibida dentro do clube.

Vermelho, como se sabe, é a cor do eterno rival Internacional. Dizer que se instalou um clima de perplexidade é pouco. Giganti, que já não tirava o olho do relógio porque estava em vias de perder seu voo no Galeão, resolveu a parada: a partir daquela noite, a marca Coca-Cola passou a ser também preta em diversas camisas de times brasileiros, porque outros clubes fizeram o mesmo que o Grêmio.

Assim nasceu a Copa União, que virou um sucesso. Teve uma média de público equivalente a 40 mil torcedores por jogo, aí considerados os quase 21 mil presentes aos estádios e os patrocínios diretos e indiretos do torneio. O Flamengo de Zico acabou como grande campeão, e estava tudo pronto para se repetir a dose em 1988. Golaço do futebol brasileiro.

Como se sabe, não há bem que sempre dure. De repente, não mais, o retrocesso bateu à porta do Clube dos 13. A CBF, depois de ter anunciado que não faria o Campeonato Brasileiro, enciumou-se ao constatar o sucesso da Copa União. Também como se sabe, ciúme de homem é fogo. E Nabi Abi Chedid, vice-presidente que mandava na CBF, presidida então por Otávio Pinto Guimarães, inventou de formar outro grupo de times, que chamou de Módulo Amarelo, vendeu o torneio para o SBT, e apelidou a Copa União de Módulo Verde, determinando que houvesse cruzamento dos vencedores e segundos colocados de cada módulo para definir o campeão brasileiro de 1987.

Não colou. O Clube dos 13 não aceitou o cruzamento. O Flamengo ganhou a Copa União, o Inter foi vice, o país inteiro viu e aprovou, mas a CBF decretou que o Sport e o Guarani eram o campeão e o vice-campeão brasileiro, e nossos representantes na Copa Libertadores.

A polêmica dura até hoje, e durará para sempre, alimentada, principalmente, por quem nem estava vivo trinta anos atrás ou estava e não faz distinção entre o legítimo e o legal, distinção que cabe ainda mais quando se trata de futebol, dadas a emoção que envolve e a abissal diferença técnica entre o Flamengo de Zico e o Sport de... de... Macaé! O Módulo Amarelo, com times secundários à exceção do Guarani, acabou por definir o campeão brasileiro, em mais uma trapalhada de Nabi Abi Chedid.

Segundo ensinou o reconhecido internacionalmente jurista uruguaio Eduardo Juan Couture: "Teu dever é lutar pelo Direito, mas, se um dia encontrares o Direito em conflito com a Justiça, luta pela Justiça".

Como já dito, estava tudo encaminhado para se repetir em 1988 o sucesso da Copa União, quando o velho espírito conciliador brasileiro prevaleceu. O presidente do Conselho Nacional de Desportos (CND), órgão criado no governo Vargas, Manoel Tubino, que avalizara o título do Flamengo, propôs uma reunião, intermediada por ele, entre Carlos Miguel Aidar e Nabi Abi Chedid, e pediu que o encontro fosse em minha casa, como campo neutro (embora não fosse...) e privado. A contragosto, mas em nome da causa, assenti. Boni, o homem forte da Globo, garantira apoio à manutenção da Copa União. Aidar capitulou e aceitou as condições de Chedid para tudo voltar a ser o que sempre fora.

Mesmo assim, a Copa União significou um gol para o país.

Jamais esquecerei a cara de minha filha, Camila, então com dez anos, ao entrar em casa depois da escola e dar com Chedid na sala, ela que sempre ouvira o pai falar cobras e lagartos do cartola. Chedid havia presidido o Bragantino, era dono de uma empresa de ônibus, deputado estadual em São Paulo e capaz de dar nó em pingo d'água. Apoiador da ditadura, uma vez discutimos, privadamente, porque ele dizia não ter havido tortura no período. Tempos depois nos encontramos no Aeroporto de Congonhas às vésperas da primeira eleição de Lula e ele se desculpou. Mas alertou que no poder todos eram iguais. Discutimos novamente. Na última vez que o vi, em pleno escândalo do mensalão, bateu no meu ombro e perguntou com ar de triunfo:

— Não te falei?

Que raiva!

A expressão de minha filha entre a surpresa e a indignação é indelével. Ela havia acabado de ser apresentada à realpolitik.

Cômico, não fosse trágico.

6. Castor de Andrade, Collor e Maluf

A década de 1980 se encaminhava para o fim, bem mais leve que a anterior, nem por isso menos trepidante.

Participar de movimentos como os da Diretas Já e da Democracia Corinthiana significou, ao mesmo tempo, um alívio e um ensinamento. O alívio de fazer tudo às claras, acostumado que eu estivera com a clandestinidade. E o ensinamento sobre os limites da atividade como cidadão e como jornalista.

Primeiramente, o alívio. Fazer parte de movimentos libertários soava como obrigação cidadã. Vivíamos o fim da ditadura e tempos em que o bem e o mal não comportavam dúvidas, embora carregados de ingenuidade idealista. Ou se era contra ou a favor da ditadura, não havia meio-termo. Por mais que, depois, viéssemos a descobrir que não era bem assim, isto é, que nem todos que estavam do lado certo eram necessariamente do bem e nem todos que estavam do lado errado eram necessariamente do mal.

O equívoco da opção pela luta armada tinha embutido o ideal da ditadura do proletariado, como se fosse possível reproduzir no Brasil as revoluções russa, chinesa ou cubana. Que deram no que deram. Éramos jovens, sonhadores, e a "sensibilidade" e a "indignação" sobrepujavam o realismo. Era preciso agir clandestinamente em nome da segurança pessoal, porque "nesta vida a senda é estreita; pisou fora, morreu".

A escolha da via política era até mais difícil, sem maniqueísmos, mais lenta, debatida, exigia capacidade de persuasão, às claras. Sim, porque a democracia dá trabalho, e muito. Em minha cabeça, no entanto, não impunha conflitos entre a vida profissional e a de cidadão. Eu já participava da resistência em jornais de oposição, desde os anos 1970, esporadicamente no *Opinião* e no *Movimento*, ambos conduzidos com bravura pelo jornalista Raimundo Pereira, e até dirigira o *Amanhã*, de curta existência, apenas duas edições, tentativa de reunir comunistas e socialistas.

O *Amanhã* era, graficamente, o mais bem-apresentado da dita "imprensa nanica", mas não foi em frente porque a ciumeira falou mais alto, com o pessoal socialista amuado em razão dos destaques na primeira página que privilegiavam os comunistas, e vice-versa.

Era a turma do deputado Alberto Goldman (do clandestino pcb) de um lado e a do sociólogo José Álvaro Moisés do outro. No número inicial uma charge de Goldman foi para a primeira página e o grupo de Moisés não se conformou. Na verdade, era inviável juntar comunistas e socialistas, porque, como se sabe, a esquerda só se une na cadeia.

Eu havia participado, em 1979, no comando de greve do Sindicato dos Jornalistas em São Paulo, a derrotada paralisação da categoria movida mais por solidariedade e inveja dos metalúrgicos do abc que por questões salariais.

— Como os operários param e nós não? — nos perguntávamos envergonhados.

Ainda na preparação do movimento grevista, Lula esteve numa das reuniões da diretoria do nosso sindicato, e me lembro de ele dizer que discutíamos demais, que daquele modo a coisa não iria adiante. Então, por mais que a voz sensata de Emir Nogueira alertasse em assembleias concorridíssimas de que "a nossa greve vai sair nos jornais do dia seguinte", fomos às últimas consequências e perdemos, com prejuízos incalculáveis para o nível de emprego nas redações, dada a descoberta de que se podiam fazer jornais com menos gente.

Emir exercia cargo de confiança na *Folha de S.Paulo*, desculpa que onze em cada dez profissionais na mesma situação deram para não aderir ao movimento. Ele, apesar de ser contra a greve, e com a coragem de se expor diante de uma massa muitas vezes radicalizada, aderiu.

Acabou, inúmeros foram os apelos, eleito, a contragosto, presidente do sindicato na votação seguinte, ao derrotar o candidato do PT, e da situação, Rui Falcão. Poucas vezes vi tanta desonestidade intelectual num pleito sindical como ao fazer oposição a Falcão.

A campanha dos situacionistas abusou: não cansou de tentar nos jogar à direita, de desqualificar nossa chapa, a do MFS, Movimento de Fortalecimento do Sindicato, que recuperava a sigla eleita em meados dos anos 1970 com Audálio Dantas na presidência. O PT a chamava de "mofos", uma corruptela de MFS, mas isso era o de menos. Em sua propaganda, mudava o teor de declarações de membros de nossa chapa e até de patronais os chamava, infâmia típica de quem quer vencer na marra, adeptos de fins que justificam os meios.

Audálio Dantas, aliás, é um caso à parte. Não se filiara a nenhuma corrente política e já era famoso por ter descoberto o diário de Carolina Maria de Jesus, catadora de papéis que vivia na favela do Canindé, em São Paulo, perto do estádio da Portuguesa de Desportos. Audálio editou os escritos dela no livro *Quarto de despejo*, que vendeu 100 mil exemplares, foi traduzido em treze idiomas, best-seller nos Estados Unidos e na Europa.

Nosso sindicato era dominado pela direita de verdade quando ele se elegeu numa campanha unitária bem-sucedida, e comandou a categoria, sem bravata mas com firmeza, quando Herzog foi assassinado. O sindicato se transformou num dos poucos locais onde eu me sentia seguro, assim como a Cúria Metropolitana, porque se dizia que a caça aos jornalistas comunistas continuaria e era razoável imaginar a minha prisão.

Audálio, tendo ao lado o também jornalista e diretor do sindicato Fernando Pacheco Jordão, foi fundamental para o êxito do culto ecumênico na Catedral da Sé, no dia 31 de outubro de 1975, uma sexta-feira, quando, apesar de todo o cerco policial, mais de 8 mil pessoas foram à igreja manifestar sua indignação contra a ditadura. D. Paulo Evaristo Arns, o rabino Henry Sobel e o reverendo presbiteriano James Wright, que comandaram a cerimônia, foram unânimes em reconhecer o papel dele na ocasião. Fiz uma promessa para mim mesmo e a tenho cumprido fielmente: sempre que estiver num local público em que Audálio também esteja, direi às pessoas sobre a sua importância histórica como marco do começo do fim da ditadura.

Por falar em Henry Sobel, em 1993 ele deu entrevista para a jornalista Márcia Naspitz (mãe de meu caçula, Felipe), da revista *Playboy*, com enorme repercussão na parte conservadora da comunidade judaica, inconformada com o fato de o rabino falar para uma publicação de mulheres nuas. Felizmente, a entrevista era tão iluminista que a parte progressista da comunidade prevaleceu e Sobel não foi expulso, como queriam os obscurantistas, da CIP, a Congregação Israelita Paulista, que presidia.

* * *

Voltando à greve, fiquei marcado por ter dito numa assembleia que havia um plano secreto para impedir a chegada dos jornais às bancas, informação que me fora dada minutos antes pelo chefe dos piquetes. Pedi detalhes, ele disse não poder revelar, e eu, crente, passei-a adiante em busca de votos pela greve.

Greve decretada, nos reunimos já pela madrugada para nos inteirar do plano. Era uma loucura. Pretendiam jogar óleo nas marginais paulistanas para evitar que os caminhões saíssem das gráficas! É óbvio que não permitimos que a doideira fosse em frente, pelo singelo motivo de que causaria acidentes sem fim para quem nada tinha a ver com a questão. Mas fiquei com a fama e assumo. Consta, também, que fui o mais jovem membro eleito para o Comitê Estadual do PCB em São Paulo e, como tal, era assistente da célula da Oboré, editora de jornais sindicais fundada pelo jornalista Sérgio Gomes, dessas figuras imprescindíveis.

Jairo Régis foi quem me convidou para trabalhar em *Placar* e me recrutou para o Partidão, que, como se diz, pode não dar nenhum futuro, mas dá um passado... Eu trabalhava o dia inteiro na Abril e passava inúmeras madrugadas ou ajudando a fechar jornais sindicais ou em intermináveis reuniões de orientação política.

Tínhamos a pretensão de ser uma corrente eurocomunista no PCB, sob forte influência das ideias do secretário-geral do PC italiano, Enrico Berlinguer. Tínhamos absoluta convicção da democracia como valor universal; nos opúnhamos ao stalinismo; não aceitávamos a intervenção soviética na Primavera de Praga, quando as tropas comandadas por Moscou esmagaram a tentativa liberalizante na Tchecoslováquia em 1968; e apoiávamos Mikhail Gorbatchóv em seu esforço de arejar a política e reestruturar a economia (a Glasnost e a Perestroika), o qual encerrou a Guerra Fria — entre a União Soviética e os Estados Unidos — no final dos anos 1980, assim como colaborou para a queda do Muro de Berlim.

Fiquei no PCB enquanto era ilegal. Quando o partido foi legalizado, no governo Sarney, em 1985, não me filiei. Acho que jornalista não pode ter filiação partidária numa democracia, embora, é claro, jornalista tenha lado e eu jamais tenha escondido o meu.

Se no atacado o PCB ainda clandestino estava mais que certo, no varejo erramos ao menos em dois embates eleitorais, apesar de, pelas voltas que o mundo dá, os equívocos terem sido minimizados não muito tempo depois.

Nos dividimos nas eleições para presidente em 1989, as primeiras desde outubro de 1960, entre Fernando Collor e Lula no segundo turno, tendo votado, no primeiro, em Roberto Freire (quem diria que acabaria no governo Temer?), o candidato do PCB legalizado. Pelo menos uma vez na vida, votava num candidato do PCB à Presidência, e em meu primeiro voto, aos 39 anos. Meu filho mais velho, André, do primeiro casamento, com a jornalista Susana Horta Camargo (que veio mais tarde a ser, como eu fora, gerente do Dedoc), também votou, aos dezesseis anos, mas em Mário Covas, do PSDB. Não me lembro exatamente para qual revista, imagino que tenha sido para a *Imprensa*, mas nos fotografaram juntos pelo inusitado de filho e pai votarem juntos pela primeira vez para presidente.

Antes do segundo turno, houve inúmeras reuniões do Partidão mais simpáticas ao alagoano Collor, embaladas pela ilusão de que ele significasse a modernização. Caso típico de desejo que se transforma em cegueira, porque os camaradas do PCB de Alagoas cansaram de advertir quem o empresário, de fato, era. Só me decidi por Lula no último debate entre os dois, quando Collor cometeu a cafajestagem de envolver Lurian, a filha do pernambucano, na refrega, ao dizer que o pai teria tentado abortar seu nascimento. O PCB acabou por apoiar a candidatura Lula, assim como o PDT, o PMDB e o PSDB.

O outro erro se deu quando Paulo Maluf e Eduardo Suplicy disputaram a prefeitura paulistana, em 1992. Os dois chegaram ao segundo turno e, entre os petistas, o confronto de um candidato da direita com outro do PT não comportava dúvidas: a esquerda estava "condenada" a votar em Suplicy.

Para mostrar que numa democracia ninguém é obrigado a não ter escolha, lançamos um manifesto intitulado "Pelo Futuro de São Paulo", em que, com texto pra lá de ambíguo, realçava-se a necessidade de eleger quem tivesse maior capacidade de gestão, e convidamos os candidatos a endossá-la. Particularmente eu até torcia para Suplicy subscrevê-la, mas, esperto, foi Maluf quem se apressou a fazê-lo. A reação petista não tardou, irada, rotulando os signatários de "neomalufistas".

Escrevi, então, um artigo para o *Estadão* no qual deixava claro que não escolheria nem um nem outro e que repudiava o rótulo. No dia 4 de novembro de 1992, dias antes do pleito, sob o título "Sobre o manifesto", declarei: "Não cabem mais nem o malufismo nem o petismo. Nem a intolerância".

Anulei o voto no lusco-fusco da cabine indevassável e, em seguida, fui convidado por Maluf para ser seu secretário de Esporte, convite prontamente recusado. Tive de amargar sua saudação, assim que ele entrou no estúdio e diante de todos, nas duas vezes em que o entrevistei na TV:

— Meu futuro ex-secretário de Esporte!

O saudoso Rodolfo Konder, ex-PCB, e também um dos signatários, aceitou ser secretário da Cultura. O PCB, no fim, apoiou a candidatura derrotada de Eduardo Suplicy.

Na verdade, eu já estava acostumado a causar choques nos mais próximos, porque, em 1986, ajudei a campanha, sempre sem ganhar um tostão, é bom frisar, de Antônio Ermírio de Moraes contra Orestes Quércia para a sucessão de Franco Montoro, em quem votara em 1982.

Quércia venceu a convenção do PMDB contra a vontade de Montoro, e seu nome já estava ligado a escândalos de corrupção. Na mesma eleição, Fernando Henrique Cardoso e Mário Covas eram candidatos ao Senado Federal. Juntei-me a um grupo de pessoas independentes que resolveram fundar um comitê em apoio a Ermírio de Moraes, FHC e Covas. Como não eram permitidas coligações partidárias, embora fosse possível votar em candidatos de partidos diferentes, o comitê, do qual faziam parte Osmar Santos e o dono da *Gazeta Mercantil*, Luís Fernando Levy, já falecido, foi chamado de Comitê Frankenstein, e acabamos indiciados na Polícia Federal por crime eleitoral, mas fomos absolvidos.

Cheguei a participar de um almoço no Palácio dos Bandeirantes com Franco Montoro, seu filho Ricardo, Osmar Santos, o jornalista Alberto Dines e o então chefe de gabinete de Montoro, Luiz Carlos Bresser-Pereira, para tentar convencer o governador a apoiar Ermírio de Moraes. Em vão.

— Sou um homem de partido e não tenho como recusar o apoio ao vencedor da convenção. Fomos derrotados e devemos aceitar — pontificou.

Quem dirigia a campanha de Ermírio na televisão era Guga de Oliveira, com quem eu havia trabalhado na TV Tupi, em 1978. Guga é irmão de Boni, da Globo. Um dia ele me chamou para ver uma gravação e conversar com o candidato. Achei péssimo o desempenho do industrial diante das câmeras. Como perguntaram minha opinião, disse que Antônio Ermírio precisava descer do pedestal, pedir votos, porque passava a imagem de alguém que dizia: "Não seja burro, me compare aos outros candidatos e perceba como sou o melhor".

— Eu jamais pedi alguma coisa e não vai ser agora que vou pedir — reagiu ele.

Perdeu para Quércia, embora fosse mesmo muito melhor.

Agora, o ensinamento. Democracia instalada, decidi nunca

mais assinar manifestos eleitorais, apenas dar minha opinião nos espaços que ocupo em minha atividade profissional, sem proselitismos.

    Seja como for, anos depois do embate pela Presidência entre Lula e Collor, e, no caso de Maluf, pela prefeitura paulistana, os três estavam no mesmo barco. Porque tanto o senador Collor quanto o deputado federal Maluf fizeram parte da base de sustentação dos governos de Lula. E é famosa a foto de Lula, Maluf e Fernando Haddad, o candidato eleito do PT à prefeitura de São Paulo em 2012, juntos. Porque tudo se move. Impossível dizer quem era neolulista, neomalufista ou neocollorido.

    Meu apoio à Democracia Corinthiana teve a mesma gênese. O fato de esse modelo de gestão ter nascido no meu time de coração é secundário, embora muito agradável. Mas o teria apoiado em qualquer clube que fosse. Até porque, quando você vira jornalista, coisas estranhas acontecem, por exemplo, torcer por quem consideramos nosso maior rival, no meu caso o São Paulo, apenas porque o time abriga alguém de quem gostamos muito, como Telê Santana. Verdade que ele não acreditava, ou fingia não acreditar nisso, tanto que não conversava comigo antes do clássico contra o Corinthians.

    E por que tenho o São Paulo na conta de maior rival, diferentemente da maioria dos corintianos, que têm o Palmeiras como tal? Porque tenho uma porção de primos que são tricolores e sofria com eles na volta do Morumbi quando o Corinthians perdia. Meu padrinho de batismo, Adib Aidar — e os Aidar deram dois presidentes ao São Paulo —, nos levava aos jogos, nas cadeiras cativas do estádio em construção e eu ficava indignado ao ver os são-paulinos gritarem para os alvinegros derrotados, na saída:

    — Vão tomar o ônibus, seus pobres!

    Assim, tornei-me consciente, bem cedo, da luta de classes, mesmo sem saber exatamente do que se tratava.

Lembro de ter exagerado num evento da *Placar*, microfone na boca para quem quisesse ouvir, ao dizer que o alinhamento da revista com a Democracia Corinthiana se dava como se daria num veículo político a favor dos Aliados contra o nazifascismo na Segunda Guerra.

Aliás, quem disse que uma revista esportiva não é política? Pois se até uma de mulher nua é, ora bolas!

Abro, então, para falar da *Playboy* em minha vida. Muito antes de dirigi-la, fiz cinco entrevistas para a revista, sempre por encomenda de seu fundador e diretor, o saudoso amigo Mário Escobar de Andrade. O bicheiro Castor de Andrade; a atriz e Musa das Diretas, Christiane Torloni; o mais criativo publicitário da história brasileira, Washington Olivetto, meu compadre porque, dezessete anos após a entrevista, batizei seu filho Theo; o treinador da nossa Seleção na Copa de 1990, Sebastião Lazaroni; e o empresário que virou a própria mesa, Ricardo Semler.

Como diretor, fiz mais cinco: o prefeito de Curitiba, depois governador do Paraná, Jaime Lerner; Luiz Antônio Fleury, governador de São Paulo; a jornalista Joyce Pascowitch, que assinava na *Folha de S.Paulo* a coluna que hoje é de Mônica Bergamo; o publicitário baiano Nizan Guanaes; e o Rei Pelé.

De todos, o mais curioso e mais divertido, sem dúvida, foi Castor de Andrade, uma figuraça. Antecipo ter ele sido das pessoas mais transparentes que conheci, embora, contraditoriamente, liso feito um quiabo. Ele mandara um recado pelo repórter Otávio "Pena Branca" Ribeiro assim que saiu a matéria da Máfia da Loteria. Dava os parabéns à reportagem porque era tudo verdade e porque pela primeira vez não o envolviam em sujeiras de jogo.

Devolvi a mensagem com uma provocação por intermédio do mesmo mensageiro: "Diga que o negócio dele hoje em dia é com drogas". Quando Castor soube, contou o Pena Branca, exigiu uma conversa a dois que, primeiramente, recusei. Ele insistiu. Respondi que não iria ao Rio.

Nos encontramos para almoçar no restaurante do Aeroporto de Congonhas. Ele argumentou ser pai de adolescentes, morrer de medo das drogas e, fundamentalmente, por ser apenas um contraventor, disse que não mexia com elas, crime dos mais graves. E deu o xeque-mate, na suposição de ser definitivamente convincente:

— O jogo do bicho é mera contravenção. Como deixar vasos no parapeito da janela, porque podem cair e machucar alguém. Se um dia a lei de edificações determinar que se faça uma extensão depois do parapeito, deixará de ser contravenção. Se você me convidar para assaltar a agência do Banco do Brasil em Copacabana, eu vou perguntar quanto renderá e não vou topar o risco, porque ganho mais no bicho. Mas, se eu souber que você pretende dar um golpe na Coroa britânica e não me convidar, vou ficar bravo com você.

Em fins de 1983, Mário Escobar de Andrade, editor obsessivo e que acreditava realmente que Deus está nos detalhes, entra em minha sala na Abril e apela:

— Caiu nossa entrevista de janeiro. Faça o Castor para mim.

Pedido dele era ordem, e não atendê-lo custaria atrapalhar uma relação com quem fazia da *Playboy* a razão de sua vida profissional. Mário de Andrade trabalhava até quando descansava, e talvez por isso tenha vivido tão pouco, 46 anos, mas, porque muito intensamente, equivaleram a 92.

Peço ao Pena Branca que intermedeie e lá vou eu para o Rio, onde ambos fizemos a entrevista. Inesquecível, por mais que a memória seja traiçoeira e parcial. Ao pisar no saguão do Santos Dumont, ouço o alto-falante chamar:

— Jornalista Juca Kfouri, o motorista de Castor de Andrade espera o senhor no portão tal.

Quis sumir.

Vou ao portão tal, onde uma reluzente Mercedes-Benz dourada, dirigida por um armário negro apelidado, se não me engano, de Miúdo, está à espera. Rumamos para o restaurante Rio's, no Aterro do Flamengo. À mesa, Castor anuncia ao Pena que fazia questão de ir à noite de autógrafos dele em Paris, quando seria lançado em francês o livro *Barra pesada*.

— Aliás, eu vou. Não, o Juca e eu vamos, porque ele é meu convidado — diz.

— Que é isso, dr. Castor, nem começamos a entrevista e o senhor já quer me comprar? — devolvo.

Para quê? Um baita vacilo!

— O quê?! Não, não, eu não sabia que você é tão barato. Retiro o convite.

— Touché, dr. Castor, 1 a 0 pro senhor.

Só empatei na saída do restaurante em direção ao Hotel Intercontinental, na Barra, onde ele reservara uma suíte para dar a entrevista, quando sugeriu passar pelo Bangu, o clube de futebol que dirigia, para que eu pudesse eventualmente encontrar alguns jogadores que não andavam querendo falar comigo nem pintado a ouro.

— Eu topo. Assim pergunto sobre a participação deles na Máfia da Loteria.

— O.k.! Toca pro hotel, 1 a 1 — riu, e determinou ao motorista.

Foram seis horas ininterruptas de entrevista. Pena Branca alisava e eu batia. Logo de cara, quando perguntamos sobre jogo do bicho, Castor disse que responderia tudo que perguntássemos, desde que antes de cada resposta escrevêssemos: "Estou afastado há tempos da contravenção. Mas meu conhecimento na área permite dizer…".

No fim da conversa, cansados, ali pelas oito horas da noite, chamei Pena Branca para tentarmos pegar o último voo para São Paulo. Castor interveio:

— Nada disso. A suíte ao lado está reservada para uma festa em homenagem a vocês com as mulheres mais bonitas do Rio. A entrevista acabou e vocês não podem me acusar de querer amaciá-los.

— Não, dr. Castor, muito obrigado. Vou pra São Paulo dormir com a minha mulher — recusei.

Ao perceber que eu iria mesmo, apelou:

— Ah, você faz questão de dormir com sua mulher. Qual o nome dela?

— Ledinha — respondi.

— Então ligue pra Ledinha e diga pra ela ir pro aeroporto que eu vou mandar um avião buscá-la.

— Que é isso, dr. Castor!? O senhor acha que eu vou trazer minha mulher numa festa de putas?!

— Quem foi que falou em putas?! — irritou-se.

— O senhor. Falou que era uma festa com as melhores mulheres do Rio.

— Eu não falei "melhores". Falei "as mais bonitas"!

De fato.

Mas fomos, Pena Branca e eu, para o Santos Dumont e de lá para o Hotel Glória, porque não conseguimos embarcar.

Até que pegasse no sono, o ouvi rosnando xingamentos à senhora minha mãe, que não tinha nada a ver com a história.

7. O Brasil perde mais uma Copa, e a morte de João Saldanha

Nunca planejei nada em minha vida. Quando planejei, planejei mal e, ainda bem, não cumpri. Por exemplo: depois de terminar o ginásio, escolhi fazer o Curso Técnico de Administração de Empresas porque imaginava que prestaria vestibular na Fundação Getulio Vargas. Rematada bobagem.

Só no fim do terceiro e último ano do curso resolvi mudar para Ciências Sociais, razão pela qual fiz o cursinho intensivo de um mês para tentar entrar na USP. Já tinha bombado na terceira série do ginásio, como disse, e não poderia falhar e perder mais um ano.

Semanalmente éramos submetidos aos chamados exames simulados, que reproduziam as provas do vestibular. Cada resultado demonstrava claramente que eu não tinha chances. A USP reservava apenas sessenta vagas para os cursos diurno e noturno, e minhas notas nos simulados, somente entre os alunos do Curso Objetivo, não permitiam que ficasse nem entre os cem primeiros. Calculava-se o número de candidatos em cerca de 2 mil.

Chegado o vestibular, para meu verdadeiro espanto, passei

pela fase de testes. Faltava a redação, minha maior aposta. O tema que caiu foi "O feudo, o burgo e a Igreja". Devo ter ido muito bem, ou alguém me protegeu, porque entrei em sexto lugar.

A década de 1990 também seria surpreendente, com a vida, como sempre, e a morte, infelizmente, escolhendo por mim. A vida porque imprevisível e a morte porque, embora certa, apresenta surpresas como a que me levou a assumir a direção de *Playboy* em 1991.

A Copa do Mundo, na Itália, seria a última oportunidade de sobrevivência da *Placar*, já que o primeiro semestre tinha sido um descalabro. As melhores vendas da revista eram as edições dos campeões estaduais do eixo Rio-São Paulo e a do campeão brasileiro. Para nossa infelicidade, em São Paulo a decisão do campeonato aconteceu entre Bragantino e Novorizontino. Sem dúvida, as vendas em Bragança Paulista, cujo time ganhou o título, não significaram coisa alguma.

Para piorar, na decisão carioca, entre Botafogo e Vasco, concluído o jogo, os dois times deram a volta olímpica. A direção vascaína tentou fazer uma confusão na interpretação do regulamento do torneio, que previa um jogo final entre os campeões da Taça Guanabara e da Taça Rio, Vasco e Fluminense respectivamente.

Ocorre que o regulamento previa também que, caso um terceiro clube somasse mais pontos nos dois turnos, teria o direito de esperar o jogo entre os ganhadores das taças e decidir o campeonato com o vencedor. Exatamente o que aconteceu com o Botafogo, time com maior número de pontos.

O Vasco venceu o Fluminense e perdeu para o Botafogo por 1 a 0, mas queria que houvesse uma prorrogação, recusada pelo Botafogo, que pegou uma taça qualquer e deu a volta olímpica. Terminada a comemoração botafoguense, os jogadores cruz-maltinos buscaram uma caravela na torcida e deram a volta com ela. Atitude tão ridícula como o público de apenas 35 mil pessoas no Maracanã em dia de decisão.

Placar considerou, corretamente, o Botafogo campeão, o que meses depois foi confirmado pela Justiça Desportiva, mas o impasse imediato impediu que houvesse uma verdadeira comemoração e, consequentemente, o aumento de vendas da edição. Restava a Copa do Mundo para tentarmos tirar o pé da lama, e a Seleção Brasileira foi eliminada pela Argentina ao perder por 1 a 0, ainda nas oitavas de final, em Turim.

Não demorou para a Editora Abril resolver "descontinuar" a revista, um eufemismo para o verbo "fechar". Inventou-se, para que eu dirigisse, mas muito contrariado, a revista semanal *Ação*, que misturava esportes, o futebol inclusive, e games. Por ironia, a única edição bem-sucedida da nova publicação deu-se em dezembro, quando o Corinthians ganhou seu primeiro Campeonato Brasileiro.

Ah, se *Placar* tivesse sobrevivido! Seria um arraso. Sim, *Placar* morreu, mas impedi que fosse enterrada. Sob o pretexto de não perder o título, propus à direção da Abril fazer edições especiais. A primeira delas saiu ainda em 1990, em outubro, comemorando os cinquenta anos do Rei Pelé. Sucesso absoluto, com venda de quase toda a tiragem, 100 mil exemplares, e, de quebra, o Prêmio Esso, o mais relevante do país, de Jornalismo Esportivo. Assim, *Placar* pôde ser ressuscitada com "edições especiais" todos os meses, enquanto *Ação* desapareceu na poeira.

Quando 1990 começou, eu mantinha também uma coluna em *O Globo*, iniciada em 1986. A que escrevi para o dia seguinte ao jogo entre Botafogo e Vasco não foi publicada. Nela eu dizia que, embora não fosse ombudsman, discordava da decisão do jornal em não considerar o Botafogo campeão e explicava o motivo. A direção do *Globo* pediu a troca da coluna, discordei de novo e deixei de ser colunista do periódico. Seguia, no entanto, na tv Globo, onde desde 1988 comentava jogos e fazia o *Jornal da Globo*. Por pouco, esse espaço também não foi para o espaço.

O convite para trabalhar na Vênus Platinada partiu de Armando Nogueira, que durante 25 anos comandou o jornalismo da emissora. Estivera com ele apenas uma vez, na Copa de 1982, quando Alberto Dines nos apresentou na tribuna de imprensa do estádio Benito Villamarín, em Sevilha.

No intervalo de Brasil 1, Escócia 1, estavam todos preocupados, e eu, metido, garanti que haveria uma virada e ainda arrisquei o resultado: 4 a 1. Bingo! Ao nos despedirmos, Armando se disse impressionado. Não foi por isso, certamente, que me convidou para ser comentarista, mas talvez pelo apoio dado por *Placar* à Copa União. Fosse qual fosse o motivo, nada indicava alguém como eu para o lugar. Até uma capa com o logotipo da emissora numa pedra de gelo havíamos feito, para zoar seu pé-frio numa fase em que o esporte brasileiro só perdia e só era transmitido pela Globo.

Aconteceu de, um pouco antes da Copa da Itália, o presidente do Flamengo, Márcio Braga, ir à Justiça Comum contra a mudança no estatuto da CBF, já sob a direção de Ricardo Teixeira, então genro de João Havelange, caído de paraquedas no futebol. Nem sequer o nome do clube que Teixeira diz ser o seu, o Flamengo, ele sabia ao certo, pois se referia a Clube de Regatas Flamengo, quando é, como até as bolas de futebol sabem, Clube de Regatas do Flamengo. Sim, o menor de seus pecados.

Na época, primeiro semestre de 1990, o jornalista Joelmir Beting ponteava com comentários curtos, ao vivo, todos os blocos do *Jornal Nacional*. Ao chegar no estúdio da Globo, em São Paulo, para gravar minha coluna, vejo o comentário de "boa noite" de Joelmir, no qual apelava para Márcio Braga retirar a ação porque a Fifa ameaçava impedir a Seleção de jogar na Copa, já que proibia recursos à Justiça Comum. Ele dizia não fazer sentido uma questão pessoal entre os presidentes do Flamengo e da CBF pôr em risco a participação do Brasil na competição. Não tocava, é claro, no tamanho do prejuízo que a Globo teria. Quando me viu no estúdio, e por saber que eu vinha apoiando a atitude de Braga, explicou:

— Assinado, José Bonifácio Oliveira, o Boni.

Divergi:

— Não, assinado Joelmir Beting. Se é a posição da casa, o Cid Moreira é quem deveria ler. Além do mais, está errado e vou dizer por quê, no *Jornal da Globo*.

Joelmir ficou para ver a gravação de meu comentário, em que, basicamente, informei que Márcio Braga iria ao Tribunal de Haia contra a Fifa caso a ameaça persistisse, pois a entidade não poderia punir o futebol brasileiro pelo uso do direito constitucional de recorrer à Justiça Comum. A Fifa se pela de medo dos grandes tribunais porque, em regra, perde quando as questões envolvem disputas que extrapolam o futebol.

— De duas uma, Juca. Ou o comentário não vai para o ar, ou será seu último comentário na Globo — Joelmir brincou ao se despedir.

Ao chegar em casa, eu disse à minha mulher:

— Não podemos perder o *Jornal da Globo* hoje. Se eu for ao ar, será pela última vez, porque vão me mandar embora amanhã. Se eu não for, também, porque daí quem vai se demitir sou eu.

O comentário foi ao ar. Liguei para o editor de Esporte, Marcelo Matte, para brincar com ele e dizer que, se me mandassem embora, ele tinha de ir junto, porque pusera o comentário no jornal. Só que Matte não fora trabalhar, e imaginei a cena sem ele na redação.

O editor pergunta num berro:

— A coluna do Juca já chegou? Quanto tempo tem? Bota no terceiro bloco.

Estava armado o cenário para minha degola.

No dia seguinte, ao chegar à Abril, sou avisado de que Alberico de Souza Cruz, substituto de Armando Nogueira na chefia do jornalismo global, havia ligado já duas vezes. Ligo para ele e brinco:

— O que eu fiz desta vez, chefia?

Ele me conta que Boni logo cedo o tinha procurado, p. da vida com a "audácia do Kfouri em ir contra a posição da casa". Preparei o espírito para ouvir o pior. Alberico continuou:

— Mas, como você já deve saber [e eu não sabia], a Fifa recuou, mandou a CBF se entender com o Flamengo, e o Boni acaba de me dizer que foi bom "termos ficado com um pé em cada canoa". Você é sujeito de sorte.

Sorte nada! Como sempre digo, nada é mais certeiro que uma notícia bem dada, mesmo quando contrária aos interesses da empresa que a veicula.

A Copa de 1990 acabou por ser totalmente esquecível, sem brilho, sem nem sequer drama. A melhor passagem aconteceu em Nápoles, quando a Itália foi eliminada pela Argentina, nas semifinais.

O clima que precedeu o jogo foi todo criado por Diego Maradona, ídolo do Napoli, que pedia aos napolitanos que torcessem para a Argentina, lembrando que o Sul da Itália era desprezado pelo resto do país. Embora houvesse faixa saudando o craque no estádio San Paolo, a torcida era toda para a Azzurra: "Maradona, Nápoles te ama, mas a Itália é a nossa pátria".

Logo aos treze minutos de jogo o argentino Giusti foi expulso de campo, a Itália fez 1 a 0 quatro minutos depois, a Argentina empatou no segundo tempo e ganhou nos pênaltis. Terminada a partida e matérias devidamente enviadas, os jornalistas saíram para jantar nas imediações do belíssimo Castelo do Ovo, construído no século XII, onde ficava o centro de imprensa.

Ali pelas duas horas da manhã, quase de todos os pontos visíveis de Nápoles, houve uma inusitada chuva de bandeirolas verdes, brancas e vermelhas — as cores da bandeira da Itália.

Só mesmo os italianos! A prefeitura tinha organizado uma festa para depois do jogo. Com a derrota, segurou a comemoração, mas, de madrugada, a cidade dormindo, exceção feita aos jornalistas e alguns boêmios, resolveu mandar para os ares parte do que preparara.

Mas o pior nessa Copa chocha foi a morte de João Saldanha. João não veio à vida a passeio; morreu no trabalho e legou um exemplo de espinha ereta e coragem.

Ele embarcou para a Itália em cadeira de rodas e voltou no caixão, derrotado pelo enfisema pulmonar que o acossava fazia anos. Nem por isso deixou de marcar o começo de sua derradeira cobertura, aos 73 anos, com a verve que sempre o caracterizou.

Ao chegar ao Galeão na cadeira de rodas foi abordado por um velho jornalista que o cumprimentou com desleixo:

— Tudo bem, João?

— Tá tudo bem, sim. Eu estou nesta cadeira só de sacanagem! — devolveu Saldanha.

8. Minha vida de *Playboy*

A revista *Playboy* poderia ter entrado na minha vida muito mais cedo do que entrou.

Ainda em 1973, quando eu era gerente do Dedoc, a Editora Abril ensaiava lançar uma publicação masculina com o título *Homem*, e fui convidado a fazer um teste para ser o colunista de esporte. Topei e perdi. Meu texto foi classificado como "amazônico", caudaloso, por Luís Fernando Mercadante, um dos chefes da nova revista. Doeu, mas acho que aprendi.

A *Homem* virou *Playboy* sob a batuta de Mário de Andrade, o qual dirigiu uma redação que tinha outros homônimos de celebridades das letras, como Fernando Pessoa e Ruy Barbosa, além de uma celebridade chamada Ruy Castro que amanhã poderá ter seu homônimo. O carioca Mário era Mário Joaquim Escobar de Andrade. O paranaense Ruy era Ruy Fernando Barbosa, e o pernambucano Fernando era Antônio Fernando Pessoa Ferreira. Já o mineiro Ruy Castro é também Barbosa, mas de Castro Filho.

Então, como já contei, desandei a fazer entrevistas para a publicação, trabalhosas, quase sempre em várias sessões, de três,

Juca em manifestação pelas Diretas Já, em São Paulo, em 1984.

Juca em jogo comemorativo dos quarenta anos do Pacaembu, em 1980. Abaixo, um flagrante da invenção da bicicleta deitada.

Com os colegas jornalistas Thomaz Souto Corrêa, Alberto Dines e Mário Escobar de Andrade, nos anos 1980.

Trecho do "Diário da Copa" escrito por Sócrates em 1982, que documenta sua amizade íntima com Juca, iniciada em 1979 durante uma cobertura da *Placar*.

Apresentando o programa Almanaque da Copa, na TV Record, em 1982.

Com Paulo Roberto Falcão (de terno preto) no embarque da Seleção Brasileira de volta ao país depois da tragédia do Sarrià. Aeroporto de Barcelona, 1982.

No final de 1982, a Democracia Corinthiana se engajou na campanha pela redemocratização do país. O slogan das camisetas, formulado por Juca, convidava a população a comparecer às urnas e não votar nulo nas eleições de 15 de novembro daquele ano, as primeiras para governador desde a década de 1960. O slogan foi proibido pela ditadura, mas a oposição venceu em quase todos os estados, inclusive São Paulo. Da esquerda para a direita: Biro-Biro, Ataliba, Zenon, Casagrande, Sócrates e Solito.

Capa da *Placar* n. 648, de 22 de outubro de 1982, que desvendou o esquema de manipulação de resultados da Loteria Esportiva. Abaixo, a *Placar* n. 727, datada de 27 de abril de 1984, sobre a iminente transferência de Sócrates para a Fiorentina (Itália). O astro corintiano, caracterizado como d. Pedro I, prometera permanecer no país se a emenda das Diretas fosse aprovada no Congresso. Faltaram 22 votos.

Sócrates Brasileiro Sampaio de Souza Vieira de Oliveira ou *O pensador*, de Auguste Rodin (1880-1904). Realizada em 1983 para a capa da *Placar* n. 681, cuja manchete era "Como vemos nossos ídolos", a foto levava a legenda "Sócrates, o gênio", em referência a sua atuação como cérebro do Corinthians entre 1978 e 1984.

Com a mãe, Luiza, e os irmãos Beto, Maria Luiza e Cacalo.
Abaixo, com os filhos Camila, Daniel e André no Pacaembu, em 1980.

Em 1989, com o filho André aos dezesseis anos, mostrando seu primeiro título de eleitor. Ambos votavam pela primeira vez para presidente. O Brasil não tinha eleições diretas para o cargo máximo da República desde 1960.

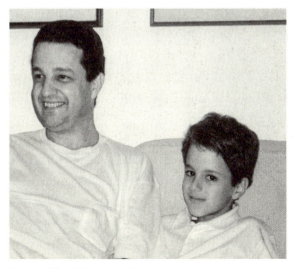

Com o filho Felipe, em 1996.

Com Ayrton Senna em 1985, na premiação de Esportista do Ano da *Placar*, escolhido pelos leitores da revista. A festa aconteceu na boate Gallery, em São Paulo.

Com Franco Montoro e Sócrates na bancada do programa Placar, da Abril Vídeo, em 1984.

Com Victor Civita e a capa da *Placar* n. 726, de 20 de abril de 1984, que noticiou a adesão de Pelé às Diretas Já. A votação da emenda constitucional aconteceu cinco dias depois.

Com Walter Casagrande, em Santiago, no amistoso da Seleção contra o Chile, em 1985.

Depois de uma pelada com Chico Buarque e Moraes Moreira durante a campanha de Miguel Arraes ao governo pernambucano, no Recife, em 1986.

A Fiel responde à manchete: "A Fiel verde está feliz", da *Placar* n. 978, sobre o bom desempenho do arquirrival Palmeiras na primeira fase do Campeonato Paulista de 1989. O time alviverde amargava um jejum de doze anos sem títulos.

Alain Leiblang
Jefe de Prensa
Copa del Mundo FIFA France 98

Mr Amaral Kfouri
Folha de Sao Paulo
Alameda Barao de Limeira
4254 Andar C Eliseos
01 202 900 Sao Paulo
Brésil

Señor,

Lamentamos mucho tener que informarle que tras el estudio de su candidatura realizado por la FIFA y el Comité de Organización, se ha decidido no aceptar su solicitud de acreditación.

Reciba, estimado Señor, nuestros saludos deportivos.

Alain Leiblang
Jeffe de Prensa

F.F.F
COMITÉ FRANÇAIS D'ORGANISATION DE LA COUPE DU MONDE DE FOOTBALL 1998
17 - 21 avenue du Général Mangin - 75204 Paris Cedex 16 - Tél. 01 44 14 19 98 Fax. 01 44 14 18 00 - Siret 300 847 275 00018 Code APE 913E
Tél. international : +33 1 44 14 19 98 Fax international : +33 1 44 14 18 00

3615
FRANCE 98
1,29 F TTC la min.

Uma pequena vingança da Fifa e da CBF: Juca não recebe credenciamento para a Copa da França como jornalista da *Folha de S.Paulo*, em 1998. A decisão do Comitê Organizador foi posteriormente revertida.

> **Pelé**
> EDSON ARANTES DO NASCIMENTO
>
> Caro Juca
> Irmãos tambem
> brigam: As vezes
> por ciumes e outras
> por amor.
> Uns perdoam e outros
> não.
> Essa é minha
> musica para o Video
> que acompanha o
> livro que lanço no
> México, dia 24 proximo.
> Espero que você goste
> da letra.
> Seu irmão
> Edson Pelé
>
> 14-05-02.

O Rei escreve ao Guru-Mor depois do desentendimento, em 2002.

Com João Saldanha, em 1985.

quatro horas cada uma, porque era preciso despir o entrevistado como se despia a moça da capa. E todas eram devidamente gravadas, o que, é claro, exigia degravar horas e horas de fita. Eu fazia questão de degravar, porque aproveitava e já editava.

Além do mais, como já haviam feito Alberto Dines em 1982 e Luis Fernando Verissimo em 1986, cobri a Copa de 1990 para a revista. Escrevi "A Divina Copa", entremeando trechos da *Divina comédia* de Dante Alighieri com cada jogo do torneio.

Com Verissimo, por sinal, vivi deliciosa passagem em Guadalajara. Desde Sevilha e Barcelona, um grupo de jornalistas criou o hábito de se reunir para jantar: o carioca Sérgio Cabral (o pai), o baiano João Ubaldo Ribeiro, João Saldanha, Verissimo e os também gaúchos Ruy Carlos Ostermann e Paulo Sant'Ana, o paulista Alberto Helena Jr., e outros menos votados.

Houve uma noite, porém, em que só aparecemos Verissimo e eu. Como se sabe, ele é de poucas palavras, e fiquei aflito sobre como seria o jantar. Para tentar esticar um assunto, digamos, mais profundo, perguntei-lhe se sofria para escrever e antecipei que não valia responder com o chavão: "10% de inspiração, 90% de transpiração".

— Sofro muito — respondeu. — E é isso mesmo: 10% e 90%. Durante toda a refeição quase não disse mais nada.

Voltamos ao hotel onde estávamos hospedados em quartos separados apenas por uma parede. Sentei para escrever minha matéria para o fechamento do dia seguinte da *Placar*, botei a lauda na Olivetti, olhei para o papel em branco e ouvi, vindos do quarto ao lado, algo semelhante a disparos de metralhadora feitos por uma máquina de escrever. Durante uns dez minutos, sem que eu tocasse numa tecla, o matraquear não cessou. Quando parou, logo em seguida ouvi toques de uma escova de dentes na pia.

Bati na porta do quarto e Verissimo abriu, já preparado para dormir. Limitei-me a dizer que batucaria até umas quatro da matina e que ele não passava de um mentiroso, genial mas mentiroso. Verissimo, então, explicou que não era mentira, que de fato sofria para escrever, mas que, enquanto todos nós conversávamos, ele redigia mentalmente, o que lhe permitia sentar para escrever já com o texto quase pronto. Daí seu silêncio.

Ia tudo muito bem entre nós dois, a *Playboy* e eu, mais para amizade colorida que para casamento, quando aconteceu uma tragédia: a morte de Mário de Andrade, no começo de 1991. Fazia três anos que nossas famílias comemoravam juntas o réveillon.

Thomaz Souto Corrêa, vice-presidente editorial da Abril, praticamente me intimou a assumir a revista, um desejo de Mário. Não havia como recusar. Durante dois anos trabalhei com uma redação que não tinha formado para, nos dois últimos dos quatro em que dirigi a publicação, montar um time que me permitiu viver a melhor temporada profissional de minha vida. Como se fosse o trio Lionel Messi, Luis Suárez e Neymar Júnior, *Playboy* tinha mais, tinha um quarteto composto por Eugênio Bucci, Guilherme Cunha Pinto, Humberto Werneck e Nirlando Beirão. Pintamos e bordamos.

Em tempos de Collor, poupanças congeladas, dinheiro pouco para cachês milionários para investir nas capas, o esforço era quase todo em bom jornalismo. Com uma equipe reduzida, podíamos pagar bem os melhores jornalistas do país para fazerem matérias especiais. Assim, era comum encontrar na revista reportagens de Audálio Dantas, Fernando Pacheco Jordão, Fernando Morais, Ricardo Boechat, tantos.

Como diretor da *Playboy* fiz a reportagem de que mais me orgulho, a que descobriu a identidade de Carlos Zéfiro, um segredo que durava mais de trinta anos. Quem era o autor dos quadrinhos eróticos que enlouqueceram algumas gerações de brasileiros?

Zéfiro assinava pequenas revistas pornográficas que eram chamadas de "catecismos". Em vez de religião, ensinavam sacanagem, ironia proposital porque religiões, em regra, buscam coibir a sacanagem. Para os menores de idade eram vendidos dentro dos gibis do Zorro, ou do Super-Homem, ou do Capitão Marvel. Ou do Almanaque da Luluzinha e do Bolinha.

Num período de repressão a partir de 1964, de censura, eram um bálsamo, embora o desenho fosse tosco e as histórias moralistas, porque as mulheres eram sempre as culpadas, as malvadas, as adúlteras que desencaminhavam os homens. Pululavam as teorias. Catecismos porque o autor teria sido seminarista e se vingava da Igreja. Zéfiro porque, na mitologia grega, é o deus que serviu Eros, o deus do amor.

Nem uma coisa nem outra. Por que catecismos, o autor também não sabia, mas brincava dizendo que a coleção de doze equivalia a um Testamento e a de 24 à Bíblia. Já o pseudônimo foi escolhido por mera imitação: Carlos Zéfiro era um autor mexicano cujas fotonovelas adocicadas chegavam ao Brasil semanalmente, e Alcides Caminha, eis o nome do nosso herói, se limitava a tirar a roupa dos personagens e inventar histórias de libertinagem entre eles.

Alcides Caminha, que também foi parceiro de Nelson Cavaquinho e Guilherme de Brito em "A flor e o espinho": "Tire o seu sorriso do caminho que eu quero passar com a minha dor", não queria ser descoberto porque, funcionário público aposentado, temia perder seu parco salário caso viesse a ser acusado de imoralidade.

Como o mundo é pequeno, o distribuidor dos catecismos, de 32 páginas e formato de bolso, Hélio Brandão, uma figura felliniana, também chamado de Hélio Gordo em seus 160 quilos, dono de um sebo atrás do Teatro João Caetano, no Rio, fora preso com 5 mil exemplares exatamente na noite de Brasil × Romênia na Copa de 1970, aquela da prova do mestre Gabriel Cohn. Sem Hélio eu não teria chegado em Caminha, porque um dia, com pena de mim, quase enganado por um autor que se passava por Carlos Zéfiro, ele me deu a dica de que Zéfiro era um dos compositores de "uma música muito famosa".

Era quase nada, mas eu tinha um trunfo: minha irmã, Maria Luiza, seríssima pesquisadora da música brasileira, poderia me ajudar. Pedi a ela que tentasse descobrir nomes desconhecidos de parceiros de canções de sucesso, mesmo sabendo que seria procura insana. Como a Mana, é assim que a chamamos, tem tudo e mais um pouco muito bem catalogado (constate no sítio <http://www.discosdobrasil.com.br>), ao começar pelo começo, pela letra A, entre muitos nomes encontrei um que pareceu familiar, o de Alcides Caminha.

Tinha ouvido um editor paulista, que quis reeditar a obra de Zéfiro, se referir a certa mulher com o mesmo sobrenome que conhecia o autor e com quem ele tratava. Pedi o contato dela e telefonei. Disse que estava preparando uma reportagem sobre compositores desconhecidos e ela prontamente se dispôs a me levar até o irmão.

Lá se iam três meses de buscas infrutíferas, de conversas inúteis com Hélio Brandão, que havia me dito com todas as letras saber quem era Zéfiro, mas que tinha com ele um tratado de sangue e jamais revelaria.

— Sabe irmãos de sangue, como os índios apaches faziam, pulso aberto no pulso aberto? Fizemos isso — contava.

Embarquei para o bairro de Anchieta, subúrbio carioca, encontrei a mulher e ela deu o endereço, a poucos quarteirões. Bati palmas, recebeu-me uma senhora simpática, dona Serrat, expliquei que queria entrevistar o parceiro de Nelson Cavaquinho e ela chamou seu Alcides à porta. Magérrimo, com parte do rosto prejudicada por uma trombose recente, nada nele parecia se adequar a um sátiro.

Durante mais de uma hora conversamos sobre sua relação com Nelson Cavaquinho. Até que me convidou para ir ao seu quarto, ver umas fotos dos dois juntos. Ao pé da cama, havia uma estante repleta de pastas cor-de-rosa, como as do Dedoc. Enquanto ele procurava as fotos numa gaveta do criado-mudo, puxei um recorte de uma das pastas. Era um anúncio de lingerie num corpo de bela mulher. Seu Alcides gritou, enfurecido:

— Não mexa aí!

— Calma, seu Alcides, sou curioso e quis...

— Não seja atrevido. Nossa conversa terminou.

Sentei-me ao seu lado na cama, tentei tranquilizá-lo, consegui, e apelei, baixinho:

— Seu Alcides, e o Zéfiro?

Ele se levantou de um salto.

Para encurtar a história, depois que se acalmou, explicou por que não queria tocar no assunto e, ao saber que um outro tinha usurpado a identidade, aceitou candidamente a malandragem.

— Pois diga que é ele — pediu.

Dei início, então, à dura missão de convencê-lo, e ele mandou que eu procurasse seu filho mais velho, Gil — tinha outros quatro filhos e onze netos. Gil era totalmente favorável a acabar com o mistério e ajudou a persuadir o pai. Combinamos que eu escreveria a reportagem e a submeteria à família. Se recusada, dei minha palavra, a esqueceria.

Num domingo voltei à humilde casa do patriarca dos Caminha com a matéria embaixo do braço, ilustrada pelos desenhos de Zéfiro. A família quase inteira estava reunida e via o *Fantástico*. Pedi a Gil que lesse para todos, mas foram unânimes em achar que quem deveria ler era eu. Enquanto lia, ouvia o "plim-plim" baixinho nos intervalos comerciais. Começava assim: "Carlos Zéfiro está vivo!".

À medida que o fim da matéria se aproximava, pareceu-me

que tinha alguém chorando. Quando terminei, fez-se um silêncio e, em seguida, a voz do seu Alcides ecoou peremptória na sala:

— Imprima-se!

Quando tentei agradecer, pela primeira e única vez em minha vida algo que escrevi recebeu calorosos aplausos: todos, em pé, batiam palmas. Naquela ocasião consegui pegar o último voo de volta. Eufórico.

Publicada a matéria em novembro, o *Jornal da Tarde* a repercutiu belissimamente, Jô Soares o entrevistou em seu programa, e seu Alcides foi convidado para ser paraninfo da turma de Jornalismo na Universidade Federal do Rio de Janeiro. Enfim, Alcides Caminha estava reconhecido e homenageado, como garantira a ele que aconteceria.

Em 6 de julho de 1992, um ano depois, aos setenta anos, seu Alcides morreu. Carlos Zéfiro, não. Segue vivo na memória de gerações que tiveram em sua obra aulas de iniciação sexual. Sua história ainda virou peça de teatro, *Os catecismos segundo Carlos Zéfiro*, encenada pelo grupo paranaense Vigor Mortis. Assisti à montagem no Centro Cultural Banco do Brasil, no Rio, e foi divertido ver um ator fazendo o meu papel.

Finalmente, eu estava na direção da revista quando *Playboy*, em 1993, completou dezoito anos no Brasil, aniversário repleto de simbolismo, porque o da maioridade. Por sugestão de Thomaz Souto Corrêa resolvemos quebrar uma tradição e voltar a entrevistar alguém que já estivera nas páginas mais prestigiadas da revista, além do pôster, é claro…

Pelé seria o cara. Marquei duas vezes com ele, a quem mal conhecia, em sua casa no Guarujá e em seu apartamento em São Paulo, na alameda Jaú, e por duas vezes o Rei furou.

Já havíamos, frustrados, desistido, até porque Pelé embarcara para o Equador, onde comentaria a Copa América pela Globo. E não é que uma tarde ele telefona e pergunta o que eu fazia em

São Paulo se ele estava à disposição em Cuenca? Lá fui eu, e ele abriu duas tardes para conversarmos.

No esquentamento para a entrevista, fiz perguntas cujas respostas eu conhecia, apenas para sentir até que ponto ele se abriria mesmo. Pelé se comoveu. Eu quis saber quanto tempo fazia que ele não chorava, manteiga derretida que era. De bate-pronto, Pelé diz:

— Ontem mesmo, ao falar com minha mãe.

E contou que dona Celeste havia lhe dito que Zoca, seu irmão, estava chateado com ele por causa de uma bronca tomada por um negócio malfeito qualquer. "Você aguenta cada chato e vai brigar com o seu irmão!", ralhara a mãe do Rei. Ao relatar o telefonema, ele desata a chorar convulsivamente por cerca de dois minutos. Quando se recompôs, era uma posta de carne. Onde enfiasse a faca, saíam filés da melhor qualidade.

Onze vezes na entrevista ele começa a resposta dizendo:

— É a primeira vez que conto isso.

Entre tais exclusividades, acusa a CBF de corrupção. Por isso, ambos fomos processados por Ricardo Teixeira. Não era minha primeira vez, mas Pelé foi taxativo:

— Não há motivo para processar o jornalista, que se limitou a transcrever o que eu disse.

E o juiz não aceitou a queixa contra mim. Daí nasceu uma relação forte entre nós, porque, admito, temi que ele pudesse, embora tudo estivesse gravado, alegar que não tinha dito bem aquilo etc.

A primeira sessão havia sido tão rica que a segunda seria desnecessária. Pelé quis que jantássemos juntos, mas recusei, ansioso por botar a entrevista no papel, o que fiz madrugada adentro.

Voltei à suíte dele no dia seguinte, para a segunda sessão, apenas por uma questão de lealdade. Achei que deveria perguntar se ele tinha a exata noção da gravidade do que havia dito, porque, além de acusar a CBF, ele dissera que conversava com Deus quando viajava de avião, que mandou Xuxa perder a virgindade antes de namorá-la, que visitara um menino em estado terminal nos Estados Unidos e que ele ficara bom, enfim. Pelé olhou bem sério para mim e perguntou:

— Mas você não disse que a revista jamais tinha voltado a entrevistar uma pessoa? Ou dou uma entrevista para valer ou não tem graça.

A entrevista acabou publicada em diversas edições internacionais de *Playboy* e, por causa dela, João Havelange, para proteger o genro Teixeira, excluiu Pelé do sorteio da Copa de 1994, nos Estados Unidos, para perplexidade dos americanos, que, do mundo do nosso futebol, *soccer* para eles, conheciam apenas Pelé. O primeiro parágrafo começava com a frase "O Rei está vestido". O segundo, com "O Rei vai ficar nu".

Antes de deixar *Playboy*, para relançar em grande estilo a *Placar — Futebol, Sexo e Rock & Roll*, ainda cobri a Copa nos Estados Unidos, enfim a do tetracampeonato, para as duas revistas.

Rei do futebol pra cá, o rei das pistas pra lá. Estivera com Ayrton Senna da Silva somente uma vez, em 1985, na premiação do Esportista do Ano da *Placar*, promoção que fazíamos com cupons na edição para os leitores votarem. Em 1983, ele foi campeão da Fórmula 3 na Grã-Bretanha. Apenas no circuito de Silverstone, em Londres, ele ganhara seis das oito provas disputadas, o que levou os ingleses, que o chamavam de Da Silva, a apelidarem a pista de Silvastone.

O troféu do Esportista do Ano era uma estátua pequena do premiado, e à festa de entrega ele foi, todo tímido, de camisa esporte. Ao receber o prêmio de uma lenda do automobilismo nacional, Chico Landi, seu ídolo, que vestia terno e gravata, Senna se desculpou pela gafe.

Daí meu espanto quando minha fiel escudeira e secretária há mais de três décadas, Rita de Cássia Nevado, a mulher que me tem nas mãos, entra em minha sala na redação de *Playboy* e diz que Senna está ao telefone. Ele e a revista tinham história, por causa de sua entrevista dada em 1990 para Mônica Bergamo. Uma ótima história, por sinal.

Mônica começava sua vida de jornalista, Carlos Maranhão era seu chefe na *Playboy*, e eu diretor editorial das revistas masculinas (*Placar*, *Playboy*, *Quatro Rodas* e *Superinteressante*) da Abril, desses postos que a reengenharia das consultorias inúteis inventa para que elas sejam regiamente pagas, sem mudar nada.

Maranhão me diz que Mônica queria porque queria entrevistar Senna, e que estava atormentando não só o pai do piloto como a ele. Ponderei que ele nem precisava se preocupar, que jamais ela conseguiria, e que, se conseguisse, não seria a pessoa para entrevistar o piloto, porque a entrevista de *Playboy* não era para iniciantes. Dias depois, Maranhão conta que Mônica havia conseguido.

— O.k., você vai com ela — digo.

Ele tenta me persuadir do contrário, diz estar convencido de que ela faria uma bela entrevista, mas não arredei pé, insisti que o queria junto, autor que tinha sido de célebres entrevistas para a *Playboy*, uma das quais com o deputado ambientalista Fabio Feldmann, cuja primeira pergunta era singela: "O mundo vai acabar?".

Para encurtar a história da entrevista de Senna, nela ele simplesmente revela ter visto Jesus numa curva do Grande Prêmio do Japão, em 1988. Mais tarde vim a saber que Mônica fez tudo sozinha.

Ao atender a ligação de Senna, ouço-o dizer, timidamente:

— Preciso de um grande favor seu.

Imediatamente respondo que havia três brasileiros para os quais eu não negaria nada: d. Paulo Evaristo Arns, Chico Buarque de Holanda e ele. Então Senna explica que estava apaixonado por uma moça que tinha feito um ensaio nu para ser coelhinha da

Playboy e ele não queria que as fotos fossem publicadas. O nome dela? Adriane Galisteu.

Perguntei para onde deveria enviar as fotos, chamei a produtora, pedi todas, sem explicar o motivo para não despertar a tentação de guardar alguma, e mandei-as para Senna. Que quis ressarcir à revista o pagamento do ensaio, o que recusei, generoso com o chapéu alheio, de Roberto Civita. Eu já estava fora de *Playboy* quando Adriane foi capa da revista, como a viúva de Senna, com um cachê milionário.

A matéria de cobertura da Copa de 1994 em *Playboy* recebeu o título "Os sete jogos capitais", cada uma das partidas da Seleção relacionada a um dos pecados. O último deles, vencido nos pênaltis contra a Itália pelos mesmos 3 a 2 de Sarrià, com as cobranças convertidas por Romário, Branco e Dunga, foi chamado de o Jogo da Soberba.

Outra passagem marcante em minha vida na *Playboy* aconteceu com o empresário Jorge Paulo Lemann. Encomendei um perfil dele e o repórter que o procurou voltou com a informação de que Lemann não queria perfil nenhum na revista.

— Tudo bem, direito dele, mas você vai fazer assim mesmo, ouvindo as pessoas que o conhecem — pedi.

Sem mais, uma tarde Lemann telefona ameaçador, pergunta se eu faria uma reportagem contando as relações de Roberto Civita com os bancos, eu respondo que não, pelo menos não numa revista da Abril, e ele desliga indignado porque amigos seus tinham sido procurados pelo repórter.

No dia seguinte quem ligou foi Civita, que quis saber o que estava acontecendo. Expliquei e ele disse para tocar em frente. Tocamos.

Nem bem passadas 48 horas, um sócio de Lemann no Banco Garantia liga para saber se eu toparia almoçar com eles na avenida Paulista, em off. Topei. Ao me receber, Lemann primeiramente se desculpa pela agressividade e em seguida pergunta:

— Você sabe qual é a revista mais lida nos presídios, por motivos óbvios? Você sabe onde são planejados os sequestros no Brasil? Você sabe que tenho uma vida discreta exatamente para não correr riscos? É por isso que não quero sair na *Playboy*.

Desarmado diante de argumentação absolutamente justa, devolvi, também perguntando:

— Por que você não disse isso tudo ao repórter? Você sabe o problema que vou ter? Vou voltar na redação, mandar parar o perfil, e todos vão achar que você me comprou.

Rimos, almoçamos frugalmente e a matéria foi suspensa.

No fim do ano, chega uma caixa grande em minha casa, com um cartão de Natal de Lemann. Antes de abri-la, penso: "Pronto, ele vacilou. Vou ter de devolver". Qual o quê! Era um roupão de banho da Artex, empresa que ele comprara para reabilitar, nada que comprometesse um jornalista; custava, em cruzeiros, o equivalente a oitenta reais.

Coisa de craque.

9. Virada de *Placar*

De edição especial em edição especial, *Placar* sobreviveu. Com dignidade.

Eu acumulava o seu comando e o da *Playboy*. Sérgio Martins dirigia uma redação enxuta, com cinco profissionais de texto, fotos e arte, e com Paulo Vinícius Coelho, o pvc, como braço direito. A cada mês, esgotava-se um tema: "Os melhores camisas 10 da história"; "O futebol na África"; "Os goleiros"; "A edição dos campeões"; "Os melhores times de todos os tempos"; e daí por diante.

Assim foi até que a Copa de 1994 chegou e inventamos um projeto ousado: fazer uma revista a cada jogo do Brasil, todinha em cores, para brigar com os jornais no dia seguinte. O "todinha em cores" é que era o problema. E lá fomos nós, os fotógrafos Pedro Martinelli, o Pedrão, retratista brilhante, e Nélson Coelho, pvc e eu. Dois para imagens, dois para textos.

Por falar em fotógrafos, um parêntese. O melhor que conheci para fazer futebol se chamou J.B. Scalco; gaúcho, torcedor do Grêmio, um meninão com quem cobrimos a Copa de 1982.

O Van Gogh dos Pampas escolhia o lado do campo que os outros artistas do magnésio recusavam. E fazia as melhores fotos, entre tantas a famosa de Paulo Roberto Falcão de braços abertos, veias saltadas, ao comemorar o gol do 2 a 2 contra a Itália, o que manteria a Seleção viva na Espanha caso Paolo Rossi não tivesse feito o terceiro gol. Numa época em que o foco não era automático, Scalco, antes de ver suas fotos reveladas, contava exatamente as que tinha feito com qualidade. "Eu fiz a foto" era uma afirmação frequente de todos os fotógrafos. Ele, de fato, sempre as fez; os demais, nem tanto.

Apareceu com uma tosse interminável quando já estávamos em Barcelona; baixou hospital em Madri, onde os médicos desconfiaram de febre amarela, por mais que informássemos estar a doença erradicada no Brasil (e não estava, como vimos recentemente); passou uma semana internado, nem pôde fazer a final entre Itália e Alemanha; e, quando voltou para São Paulo, diagnosticaram-lhe uma pericardite, inflamação na membrana que envolve o coração.

Teimoso, o gaúcho relutou quase um ano para ser operado, e não aceitou operar no Instituto do Coração. Quis fazer a cirurgia com o seu cardiologista num hospital muito menos aparelhado. Houve uma complicação, ele sofreu parada cardíaca, entrou em coma, o transferimos para o Incor, mas era tarde. Aos 32 anos, deixou viúva e dois filhos. Um pecado.

Pedrão é outro craque, repórter fotográfico na acepção do termo e, também, um companheiraço. Estivemos juntos nas três Copas anteriores, as quais cobri com uma bolsa a tiracolo.

Cheguei a San Francisco, acho que uma semana depois dos

três colegas, tarde da noite. Na portaria do hotel tinha um recado dele. Avisava que havia um carro assim e assado para mim no estacionamento, e que eles iriam muito cedo para o treino da Seleção, na Universidade de Santa Clara, a uns quarenta minutos dali. Junto, um mapa para eu chegar ao campo do treino, se acordasse a tempo.

Fuso horário destrambelhado, acordei antes do desejável e fui. Conheço poucas pessoas tão desorientadas como eu, que sou também incapaz de me dar bem com mapas. Achei que estava seguindo as instruções, mas, percebi bem depois, saí para o sul onde a indicação era ir para o norte.

Andei, andei, andei, mais do que os tais quarenta minutos, quando, de repente, ao fazer uma curva, vi das paisagens mais deslumbrantes da minha vida: vi San Francisco. Evidentemente, havia errado, mas pensei: já perdi o treino, não vou perder o passeio. Estreávamos a telefonia celular, com um tijolo da Motorola que, nos States, funcionava. Liguei para o Pedrão e disse que não se preocupassem comigo.

Rodei a cidade, entrei na Golden Gate Bridge, saí dela, voltei ao centro e fui para o bairro de Fisherman's Wharf, onde parei no primeiro restaurante em que vi um anúncio de ostras; comi doze das melhores, com pão italiano delicioso, tomei meia garrafa de vinho branco californiano, numa das refeições também inesquecíveis de minha vida, embora não goste de comer sozinho e o ambiente fosse ainda melhor que a comida.

Aí, tínhamos, plural não majestático porque tínhamos mesmo, o carro alugado e eu, um *big problem*: nem pensar em dirigir com meia garrafa de vinho na cabeça num país onde ser pego alcoolizado ao volante é problema para mais de metro. Sob o sol e o vento frio da Califórnia, circulei a pé pelos deliciosos arredores do bairro bem umas três horas, quando achei que poderia dirigir, vinho devidamente digerido.

Liguei para o Pedrão, nomeei-o meu guia à distância e ele me levou de volta ao hotel na perfeição, melhor que o Waze de hoje em dia. Desempenharia o mesmo papel outras vezes em Detroit, em Dallas e em Los Angeles.

No shopping center de Stanford, obrigou-me a jogar fora a bolsa de tantas Copas porque, segundo ele, dava azar. E exigiu que eu comprasse um desses coletes de fotógrafo com dezenas de bolsos para quem o vestir não achar nada. Joguei a bolsa no lixo e Pedrão fotografou o ato solene.

A Seleção estrearia em Palo Alto, no estádio de Stanford, contra a Rússia — não existia mais a União Soviética, a adversária da estreia doze anos antes —, e era preciso cronometrar nossa saída após o jogo. Tínhamos decidido transmitir as fotos em cores, é claro, por laptop, do hotel, porque o centro de imprensa no estádio não nos inspirou confiança, já que os americanos tratavam o nosso futebol como um esporte de segunda. O futebol era algo tão secundário para eles que o chamavam, e chamam até hoje, imagine, de soccer.

Não havia clima de Copa do Mundo, mas os estádios lotaram todos, fosse o jogo que fosse, maior média de público em Copas até hoje, com 68,9 mil torcedores por partida. Mas como, por quê?

— Porque americano adora uma novidade — respondeu o jornalista Matthew Shirts, apelidado Mateus Camisas, colunista do *Estadão* nascido na Geórgia e nosso assessor especial para esquisitices ianques.

Fizemos o trajeto diversas vezes, Pedrão e eu, cuidadosamente, cronometramos, e no dia da estreia fomos os primeiros a chegar ao estacionamento, às sete horas da manhã (o jogo seria às quatro da tarde…), para deixar o carro na porta. Além do mais, os fotógrafos precisam mesmo chegar cedo, para trocarem cotoveladas em busca do melhor lugar no campo. Sempre acompanhei Pedrão e cochilava à espera do jogo, o que rendia fotos e mais fotos de pura maldade dele, como se eu tivesse ido à Copa para dormir. Mas não dava para deixá-lo sozinho.

Numa das primeiras noites no hotel em San Francisco, à beira de uma *freeway* porque o pessoal do departamento de viagens das grandes empresas, invejoso, acha que é muito divertido viajar a trabalho (e é), depois que acabei de escrever em meio à madrugada, decidi ir a um posto de gasolina que tinha um ótimo café expresso, a uns cinco quilômetros de onde estávamos. Logo que saí do quarto, parede a parede com Pedrão, ele apareceu com cara de sono, perguntou aonde eu ia e se juntou ao vício. Assim aconteceu pelo menos duas vezes por semana.

Nosso plano perfeito para não atrasar o fechamento ia muito bem ao deixarmos o estádio e pegarmos a estrada ainda sem trânsito até o ponto de retorno, uns doze quilômetros adiante, para entrar na rota do hotel. Só que um inesperado cavalete vigiado por um policial enorme, vermelho como um camarão porque o sol estava forte, impedia a manobra.

Pedrão tentou convencer o homem a nos deixar passar enquanto eu batucava no laptop minha matéria sobre a vitória brasileira por 2 a 0, gols de Romário e Raí, dessa vez sem auxílio do assoprador de apito. Ao ouvir o policial intransigente dizer para seguirmos em frente porque bem adiante tinha como retornar, desci do carro. Coloquei o computador no painel e apelei, dramático, para que nos liberasse a passagem, porque o atraso seria fatal para nosso trabalho. Ele respondeu, com cara de nojo:

— *Cry, baby, cry.*

No segundo seguinte, para nossa surpresa e satisfação, o homenzarrão tirou o cavalete do caminho. Ao voltar e fechar a porta do Camaro amarelo conversível que Pedrão havia alugado, motivo de furor entre os jornalistas cada vez que chegávamos aos treinos, e cuja capota resolvia abrir a seu bel-prazer, a tampa do laptop também resolveu fechar e perdi tudo que tinha escrito.

As fotos chegaram a tempo. O texto, do diretor da revista, atrasou. A edição não vendeu 30 mil exemplares. Daí em diante, fim de papo: se havia um centro de imprensa em cada estádio, seria deles que mandaríamos nosso material.

Além da cobertura para as duas revistas da Abril, eu fazia o *Jornal da Globo*, graças ao fuso muitas vezes ao vivo, dos locais que a TV determinasse, de paletó e gravata, pelos quais Pedrão zelava como se fossem dele.

Em Detroit, me vi perdido, de madrugada, numa *freeway* deserta, sem ter a menor ideia do que fazer e sem ninguém para perguntar, já que Pedrão estava impossibilitado de me servir de Waze. Até que encontrei um posto de abastecimento (a maioria deles era self-service) com uma cabine blindada onde havia alguém que, no entanto, não me entendia, nem eu a ele, por causa desses comunicadores que raramente dão conta de sua função.

Nervoso mas apiedado, o funcionário saiu do cubículo, apontou no horizonte a pista que eu deveria pegar e explicou como chegar nela, por passagens de nível que, àquela altura, eu sabia ser incapaz de acertar. Não tive dúvidas: ao confirmar com o prestimoso cidadão a pista a seguir, tendo um caminhão iluminado como referência, embiquei o Camaro e, suponho, para espanto dele, atravessei quatro pistas pelas ilhas até chegar à de destino. Sei que Deus não existe, mas o Diabo estava lá, porque polícia não havia.

Por falar Nele. Você já percebeu que fui batizado e batizei. E tem mais: confessei e comunguei e fui crismado, além de meu primeiro casamento ter sido na Igreja para não deixar tristes minha avó e minha sogra. Ou seja, dos sete sacramentos, para mim, por incrível que pareça, só faltam dois: ser ordenado padre, o que parece fora de cogitação, e a unção dos enfermos, que já fiz por merecer mas, ao que eu saiba, não recebi.

Até os quinze anos frequentava, por exigência de minha mãe, a missa aos domingos. Mas não havia o que fizesse o Corinthians ganhar do Santos. Daí, e era o único pedido que fazia a Ele, desisti. Depois, na USP, reforcei minhas convicções e decretei definitivamente a morte de Deus.

Um dia disse numa entrevista que era ateu. Meu pai recomendou que me declarasse agnóstico, porque "você não tem cultura suficiente para dizer que é ateu". Passei anos sem entender direito por quê, até tentar ler o debate sobre a existência de Deus entre o escritor e filósofo italiano Umberto Eco e Carlo Maria Martini, o progressista arcebispo de Milão. De Eco entendi 70%. De Martini, nem 10%. De fato, falta-me cultura para sustentar a discussão com alguém que conheça teologia, embora desobedeça a meu agnóstico pai e siga como desalentado ateu, porque adoraria acreditar em vida após a morte. Só que não.

Depois do empate 1 a 1 com a Suécia, em Detroit, no Silverdome, estádio coberto que fez do jogo um imenso futebol de salão, a Seleção, que já havia se classificado ao vencer Camarões por 3 a 0 na segunda partida, voltou ao estádio de Stanford no Independence Day — dia 4 de julho — para enfrentar os Estados Unidos. A venda da revista tinha melhorado, mas pouco, apesar de só o Pedrão conseguir passar o material dele e de Nelsinho em cores, embora outros veículos também tivessem prometido edições full color.

Ao entrar no estádio coalhado de camisas amarelas, fiquei feliz de ver que seríamos maioria na casa deles. Ledo engano. Quando o hino americano começou a ser executado, o vozerio tomou conta de Stanford e descobri que os americanos são mesmo um povo diferente. Vestiram-se de Brasil apenas pela novidade, pois o soccer não era o esporte deles. Tinha 80% de gringos.

A vitória suada por 1 a 0, gol de Bebeto, dez contra onze porque Leonardo foi expulso e acabou eliminado da Copa tamanha a cotovelada dada no rival Tab Ramos, classificou a Seleção para as quartas de final, contra a Holanda, em Dallas. O Texas nos esperava.

O aeroporto de Dallas é um despautério. Nunca vi nada tão gigantesco. Aliás, tudo é gigantesco em Dallas, invariavelmente brega, e, para não ficar atrás, Pedrão alugou um carro enorme — com uma estrela ou coisa que o valha no capô, até parecia o Sinhozinho Malta, personagem de Lima Duarte na novela global *Roque Santeiro*, ao volante daquela verdadeira barca.

Foi ali que se deu o melhor jogo da Copa, uma vitória dramática por 3 a 2 depois de vantagem parcial de 2 a 0. Para preocupação geral, o já veterano lateral esquerdo Branco, que substituía Leonardo, vinha de lesão. Pois foi dele o terceiro gol, ao cobrar falta que cavara, com Romário desviando da bola para enganar o goleiro. Com gol de Romário, de cabeça, a semifinal contra a Suécia foi vencida por 1 a 0, no Rose Bowl, em Los Angeles.

Lá tivemos, Pedrão e eu, mais eu que ele, coitado, uma pequena intercorrência com a brava polícia local. Aconteceu de irmos buscar um colega nosso no hotel que hospedava, e não sabíamos, a seleção sueca. Ao entrar no saguão, credencial sempre pendurada no pescoço, um assessor de imprensa da Suécia se pôs a gritar comigo, avisando que o hotel estava fechado para jornalistas. Ora, eu não estava lá atrás de sueco algum, e não só fiz sinal a ele de que venceríamos por 3 a 0 como disse que odiava suecos.

— *I hate Swedes!* — gritei para o loirão.

Mas o amigo a ser buscado havia saído. Liguei para ele do possante tijolo celular e soube que chegaria em breve. Fui avisar Pedrão, que ficara no carro, e vi se aproximar uma viatura da polícia com a sirene ligada. Pedrão, sei lá de onde tirou, pergunta:

— Isso é pra nós, não?

— Claro que não, por que seria? — devolvo.

Era. Dois policiais saem do banco de trás com as armas direcionadas para nós por cima da capota do automóvel. O que dirigia os imita e o que vinha ao lado dele, mais graduado, se dirige a mim e pergunta o que fazíamos no hotel da Suécia se éramos brasileiros. Respondo com a verdade. Ele não acredita e, com ar de grande detetive, aponta para a ausência do amigo que eu disse ter ido buscar. Já irritado, informo que o cara estava chegando.

— Ah, é, como você tem tanta certeza? — interroga o atento homem da lei.

Busco o celular num dos mais de vinte bolsos do colete, ouço, enquanto faço o gesto, o barulho do engatilhar das armas dos outros três meganhas, e digo, irônico e triunfal:

— Isto é um telefone celular! Você pressiona as teclas, e ele fala!

Achei que iria apanhar. Ou ser detido por desacato. A sorte foi que, no exato momento em que o oficial se preparava para provavelmente dizer que não estava ali para ser desrespeitado, nosso amigo apareceu e convenceu o gringo de que era aquilo mesmo. Seguimos, então, para o estádio onde a Seleção treinaria, mas devidamente escoltados: eles queriam ter certeza de que iríamos embora. Fiz questão de passar pela zona mista no fim do jogo para acenar ao assessor de imprensa da Suécia; 3 a 0 não deu, mas 1 a 0 bastava.

O passo seguinte era o derradeiro. Ainda em Los Angeles, outra vez no Rose Bowl, num calor de rachar mamona, ao meio-dia, quarenta graus à sombra, 45 no gramado, Brasil e Itália decidiriam quem seria o primeiro tetracampeão mundial, pois os italianos haviam conquistado o tri ao vencer os brasileiros e os alemães, doze anos antes.

Diga-se que, como o remédio do dr. Bolaños que era para ser tomado na hora da refeição *"pero no habrá refeiciones"*, os quarenta graus à sombra eram sem sombra, porque a tribuna de imprensa ficava sob o sol escaldante, a ponto de a tampa do laptop queimar a mão. Era tudo ou nada. Ganhar o tetra e tirar o pé da lama com uma edição que esgotaria e pagaria a viagem, ou desistir de vez.

O jogo foi um sacrifício: 0 a 0 com direito à prorrogação. Burra, a Fifa agendou a final de seu festival quadrienal, no mercado que queria ganhar para seu esporte, no pior horário possível, impossibilitando grandes atuações e num país apaixonado por contagens altas. O 0 a 0 era o que de mais decepcionante poderia acontecer.

Na tribuna de imprensa, já no fim dos 120 minutos de mau futebol, apareceu nas mãos de uma jornalista ianque a última garrafa d'água, líquido que havia desaparecido desde o começo do segundo tempo. Pedi um gole e a moça negou. Saí com ela pelos tampos e a lembrei de que nem na guerra se negava água aos inimigos.

Mas isso foi o de menos. Depois que Roberto Baggio mandou o pênalti em Nova York, lembre-se que estamos em Los Angeles, e antes que o capitão Dunga, em vez de beijar, xingasse a taça, cometi das maiores grosserias de minha vida.

Volto a 1982. Cobria a Seleção Brasileira um simpaticíssimo quinteto italiano. Depois dos três gols de Paolo Rossi, sempre que um de seus integrantes passava por mim, brincava:

— Tre di Paolo Rossi.

Assim foi também nas Copas seguintes, e eu até me antecipava e fazia o gesto com três dedos para eles, numa boa.

Na minha cabeça, era verdade absoluta ser preferível perder como em 1982 a ganhar como estava em vias de acontecer em 1994. Só que na hora do pênalti perdido por Baggio, e o tetra decretado, virei para onde estavam três dos cinco e, enlouquecido, mandei alto e bom som:

— *Vaffanculo!*

O olhar surpreso, e decepcionado, deles está irremediavelmente impresso em minha memória. Tornei a sentar e a escrever. Escrevia e pensava na monstruosidade que acabara de cometer e em como, se não corrigi-la, ao menos amenizá-la.

Calhou então de ver Franco Baresi, dos maiores zagueiros de todos os tempos, subir as escadas para receber sua medalha de vice-campeão. Baresi, além de ser sinônimo de líbero, aquele defensor que joga solto na retaguarda mas que é capaz de sair com a bola e dar passes precisos como se fosse um armador, tinha passado por uma artroscopia no joelho depois da primeira partida da Copa e voltara a tempo de jogar a finalíssima. Com grandíssima atuação.

Levantei e o aplaudi. Só eu. Incontinente, levei uma copada na nuca. Jurar não posso sobre o autor, mas não é preciso ser esperto como o policial no hotel da Suécia para saber que só havia três suspeitos.

O melhor ainda estava por vir. Por mera praxe, no início das oitavas de final, fiz questão de lembrar ao Pedrão e ao Nelsinho que os jogos a partir dali poderiam ser definidos na marca de pênalti e que nos interessava sempre a batida do jogador brasileiro e a defesa do nosso goleiro. Quando as cobranças começaram, percebi que Pedrão ficou na meta oposta. Entendi nada e liguei para ele, mas deu caixa (depois soube que sua bateria havia acabado).

Terminado o jogo, para fugir do calor infernal e porque o laptop dava a impressão de estar prestes a explodir, corri para a refrigerada sala de imprensa a fim de concluir meu texto, porque qualquer atraso seria imperdoável. Nem vi a entrega da taça. Escapando dos abraços comemorativos de colegas brasileiros e estrangeiros, volto a batucar, e não sei quantos minutos depois vejo Pedrão entrar na sala. Parecia um urso incandescente. Ou uma abóbora! Banhado, de cabelo penteado, bem-vestido, Pedrão era um viking. Após quase três horas debaixo do sol californiano, cabelos emaranhados, suado, vermelho, parecia mesmo uma… abóbora!

Penso nas três Copas, na bolsa que dava azar, no colete que deu sorte, e levanto para abraçá-lo. Se não o fizesse, ele teria me atropelado. De braços abertos, emocionado, me abraça e diz:

— Você é um gênio, você é um gênio! Eu fiz a foto, eu fiz a foto.

— Que foto, Pedrão, tá louco?

— A do Taffarel pegando o pênalti!

Tinha mesmo feito, mandamos para o Brasil e pedi que fosse a de abertura da edição em página dupla: o goleiro brasileiro defendendo a cobrança de Daniele Massaro. Mas pensei com meus botões embora estivesse de camiseta: "Todos os fotógrafos brasileiros devem ter feito…". Pois não tinham. Só o Pedrão fizera a foto de frente, porque havia se postado na meta oposta, com sua teleobjetiva sei lá de que número, acho que 400.

A missão estava magnificamente cumprida, a edição chegou a vender quase 500 mil exemplares, e ainda depois dela fizemos outra, "especial", que também foi um sucesso. A foto de Pedrão acabou comprada por deus e todo mundo e ajudou a terminarmos o ano no azul, algo raro, como dito, na vida da *Placar*.

Mas quem mandou não estudar, não ser médico, engenheiro, advogado? Certo de que nos reuniríamos para festejar, eis que recebo um pedido de Thomaz Souto Corrêa:

— Para culminar a ótima cobertura, entreviste o Romário para a *Playboy*.

Gosto muito dele, do Thomaz, por Romário sinto a admiração de jamais ter visto alguém como ele na área, com exceção, talvez, de Coutinho, parceiro de Pelé no Santos. Como dizia, gosto muito dele, do Thomaz, revisteiro dos revisteiros, tão honesto que, quando convidava os diretores de revista para uma confraternização, pagava com o seu próprio cartão de crédito, não com o *corporate* da Abril. Um cara divertido ao extremo, cortante, desses raros tipos inesquecíveis que conhecemos pela vida afora.

Naquela noite quis matá-lo. Diga-se que ele não gosta de futebol, não sabe quem é a bola e, como FHC, deve pensar que Biro-Biro é só aquele arroz e não ligar o nome ao prato. Mas, pense, entrevistar o Romário para *Playboy* no dia em que ele ganhou a Copa do Mundo, aquele papo de no mínimo seis horas — o Romário, o festeiro Romário, o mulherengo Romário, o marrento Romário, o milionário Romário, sim, com todos os ingredientes para ser entrevistado por *Playboy*, mas no dia do tetra?!

Tisk (é assim que chamo Thomaz porque suas iniciais são TSC e para me vingar de ele me chamar de Kafuri), naquele dia nem o papa conseguiria cinco minutinhos com o Baixinho. Baixinho que, diga-se de passagem, foi o herói e o malandro da Copa, tão heroico como malandro, tão malandro como heroico. Pouco aparecia para treinar e nos diziam que ele estava fazendo treinos especiais na concentração. Quando aparecia, muitas vezes ficava sentado numa bola à beira do gramado.

Como a Seleção ia para hotéis abertos ao público quando saía de sua base em San Francisco, ficamos no mesmo, em Detroit. Certa manhã, ao entrar no restaurante, o encontrei com Dunga; tomavam café. Ele me chamou, pediu reserva para o que iria dizer, não era para publicar, e avisou:

— Olhe, Peixe [chamava todo mundo de Peixe], você que gosta tanto do time de 1982, fique sabendo que, se tivermos alguma decisão por pênaltis, não vamos deixar os meninos baterem, como seus ídolos fizeram na Copa de 1986. Vamos bater nós, o Dunga, eu, os mais velhos. E não gosto de bater pênaltis, só bati três até agora em minha carreira.

Cumpriram. No jogo final. Romário foi o segundo a bater, a bola tocou a trave e entrou. Dunga batcu magistralmente. Só a partir desse dia é que Romário começou a cobrar pênaltis, como se tivesse perdido o medo.

Antes de sua cobrança, Márcio Santos, de quase 25 anos, perdera, e em seguida Branco, também experiente, convertera. Em 1986, Júlio César, aos 23, chutou na trave a última cobrança brasileira, depois que Sócrates desperdiçara a primeira e Alemão (24), Zico e Branco (22) aproveitaram suas batidas.

Pronto! O Brasil voltou a ser campeão mundial e estava no ponto para ter de novo uma ótima revista de futebol. Porque, se aquela não foi uma Seleção que encantou, foi a que venceu depois de tantos anos, além de ter um jogador genial, como Romário, e outros muito bons, injustiçados, talvez, pelo pragmatismo de Parreira.

Dunga, aquele que foi vítima da Era Dunga em 1990, fez uma Copa que beirou a perfeição, melhor passador do torneio segundo as estatísticas da Fifa. Pena que a Era Dunga tenha desencarnado dele porém ele jamais tenha desencarnado dela, como se estivesse tatuada em sua alma.

Não foi o "*beautiful game*" quem ganhou, mas o que Parreira chamou de "futebol mundial". O futebol que se jogava no planeta, como os "automóveis mundiais", Monza e Escort, que eram lançados idênticos, na época, por fábricas espalhadas pela Terra afora.

10. O Rei, escondido, vira ministro

Futebol e política, política e futebol se misturam como água e sabão, e seria ainda melhor se um e outro fossem mais limpos do que são. Nem por isso o herói do tricampeonato em 1970 é o general Garrastazu Médici; os heróis são Pelé, Tostão e companhia bela.

Com o risco da incoerência, digo que FHC deve um pouco de sua eleição ao tetracampeonato em 1994. Porque nós, brasileiros, vivíamos uma crise danada de autoestima depois que as eleições diretas para presidente em 1989, as primeiras desde 1960, redundaram no desastre Collor, cujo impeachment, este sim, tornou-se obrigatório. O amor-próprio estava tão em baixa que apenas Ayrton Senna nos dava orgulho quando vencia os GPs de Fórmula 1 e fazia uma volta a mais com a bandeira brasileira. Só que ele morreu no dia 1º de maio de 1994 e acabou enterrado como o herói nacional que havia restado.

Acredito piamente que Lula pudesse ter vencido as eleições caso a Seleção não tivesse levantado a taça nos Estados Unidos. Um pouco na base do "já que não tem tu, vai tu mesmo", experimentemos um operário, porque a elite, das universidades ou dos quartéis, não resolveu os problemas do país. Tínhamos, é claro, o Plano Real, que dava certo apesar de o PT esconjurá-lo, mas, sei não, a sexta derrota consecutiva em Copas do Mundo poderia ter efeitos devastadores na alma que andava nos pés da nacionalidade. Jamais saberemos, porém imagino que, por conta do desespero e ao contrário do slogan petista, a desesperança vencesse o medo.

Fato é que o pai do Plano, FHC, se elegeu em 3 de outubro de 1994, com o dobro da votação do metalúrgico (34 milhões de votos contra 17 milhões) e montou seu ministério. Votei nele, e um dia seu braço direito, Sérgio Motta, que veio a ser ministro das Comunicações, me liga e diz para eu esperar um telefonema do presidente eleito. Acordado pela chamada menos de 24 horas depois, soube que FHC simplesmente queria que eu assumisse a Secretaria de Desportos.

Recusei prontamente com três argumentos irremovíveis: 1. Não conseguiria viver com o salário do cargo e, como não sou rico nem ladrão, nem pensar; 2. Não queria morar em Brasília; 3. A cartolagem do futebol passaria por cima de mim sempre que quisesse falar com o presidente, como passou por cima do Zico, do Zico!, secretário de Esportes no governo Collor.

FHC tentou o impossível. O primeiro argumento não o convenceu, porque, disse ele, havia meios legais de melhorar o salário. Quando ponderou que dona Ruth Cardoso também não queria morar em Brasília, o interrompi dizendo que ela poderia não querer mas ele queria. Finalmente, vencido, desafiou-me a apresentar um nome. Sugeri o de Pelé, mesmo sabendo que ele já havia recusado coisa parecida de outros governantes.

— Mas eu sequer o conheço — replicou.

Encarreguei-me de fazer a sondagem e fiquei na incômoda posição de ser um dos vértices da triangulação.

Pelé aceitou muito mais rapidamente que o imaginado.

Combinamos um encontro sigiloso em meu apartamento, na Vila Nova Conceição, para um café, pela manhã. Busquei Sua Majestade e seu então fiel escudeiro Hélio Viana. O Rei entrou no prédio deitado no banco de trás do carro, depois de desistirmos de colocá-lo no porta-malas. Já pensou se ele morresse asfixiado?

Ao tomarmos o elevador na garagem, um garoto que saía de bicicleta nos viu e ficou perplexo. FHC chegou bem depois, seguido por uma caravana de jornalistas.

Convite aceito numa conversa que não durou uma hora, desci com o presidente e, na portaria, ele diz:

— Agora você toureia seus colegas.

Ainda no elevador perguntara sobre Viana, de quem não gostou.

— De fato, pode ser um problema, mas é da confiança do Pelé — respondi.

O bando de jornalistas quis saber se FHC tinha me convidado para ser ministro e não menti. Ninguém acreditou no que ele dissera ao chegar, que apenas fora tomar café com um ex-aluno para pagar uma aposta. Na realidade, fui aluno de dona Ruth, em Antropologia. Quando entrei na faculdade, FHC já estava compulsoriamente aposentado como professor pelo golpe de 1964.

Durante nosso encontro, o interfone não parou de tocar, até que atendi. Um repórter da Globo queria saber se era verdade que Pelé estava em minha casa:

— Pombas! Não basta o presidente, você acha mesmo que o Rei também está aqui? — respondi perguntando.

Na época eu ainda fazia o *Jornal da Globo* e cometi o pecado de não dar a notícia de que Pelé seria ministro extraordinário do Esporte, não apenas secretário de Desportos. Olhei para os colegas e fui taxativo:

— Sou jornalista, vou morrer como tal e não recebi convite algum para ser ministro.

Pura verdade. Alguém, então, indagou:

— E o Pelé?

Saí pela tangente:

— Que história maluca! Quem inventou?

O mesmo alguém respondeu:

— Um garoto, seu vizinho. Quando ele perguntou o que estava acontecendo e dissemos que o Fernando Henrique estava na sua casa, ele disse que não era o Fernando Henrique nada, era o Pelé.

Rebati de primeira, numa rara inspiração:

— Um de bicicleta, uns catorze, quinze anos? É um gozador, vive pregando peças em todo mundo.

Todos foram embora, menos uma repórter do SBT, cujo nome não sei e gostaria muito de saber — oxalá ela apareça agora, se me der a alegria de ler estas memórias. As horas passavam, eu tinha de ir para a Abril e a solução foi sair sozinho em meu carro, para que a repórter, daquelas que não desistem nunca, constatasse que não havia Pelé algum comigo. Quando parei na saída da garagem, ela me abordou. Viu que não tinha mais ninguém no carro, ainda ficou um tempo por ali, na porta do prédio, e felizmente foi embora. O Rei saiu no banco de trás do carro de minha mulher, coberto por um paletó.

Pelé foi a única surpresa no ministério de FHC, e também o único, se a memória não me falha, a quem o presidente empossou em cerimônia separada, dois dias depois de tomar posse. Admito ter ficado com a consciência culpada, porque, se no *Jornal da Globo* omiti, para os repórteres menti. E prometi nunca mais desempenhar tal papel. Cumpri.

Diga-se que Pelé fez bela gestão e deixou a lei com seu nome para tentar modernizar o futebol brasileiro, o que acabou por não acontecer em razão dos seguidos recuos em sua regulamentação no Congresso Nacional. Pelo menos, pôs fim à chamada Lei do

Passe, que prendia os atletas ao clube mesmo após o fim do contrato, como se fossem móveis e utensílios da entidade, tanto que eram contabilizados como patrimônio nos balanços anuais; resquícios da escravidão.

Nossa relação, inexistente antes de entrevistá-lo para *Playboy*, se estreitou a partir de então. Nos víamos e nos falávamos com frequência, ele até me chamava de Guru-Mor. Escrevi, sempre graciosamente, desde seu discurso de posse como ministro até artigos e prefácios de livros, além de outros inúmeros discursos que, em regra, ele não lia, e partia para o improviso.

Eu ficava pasmo ao ver que as pessoas mais chegadas a Pelé eram capazes de tratá-lo como se ele fosse uma pessoa comum e, ao mesmo tempo, ao ver que o Rei atendia com a maior boa vontade a todos que se aproximavam. Ele nasceu para ser ídolo, e o trato com os fãs comprova isso.

Ainda em Cuenca, onde o entrevistei, fomos almoçar na casa de um dos homens mais ricos da cidade, que lhe emprestava a quadra para jogar tênis. Era Dia dos Pais no Equador. Sala cheia, com filhos, noras, genros e netos do cidadão, um rapaz desce com seu filho, carinha de quem acabava de acordar, no colo. A criança crava os olhos no único negro do ambiente, vira para o pai e diz:

— *Y la pelota?*

O menino queria o autógrafo do Rei numa bola de futebol. Estávamos, lembremos, em 1993. Pelé abandonara os gramados em 1977. O garotinho não tinha mais que cinco anos. Como pôde ter associado aquele senhor de 53 ao futebol? Perguntei ao jovem pai se havia dito ao filho que a casa recebia um ex-craque e ele jurou que não.

À noite, fomos a um restaurante onde encontramos a turma toda da TV Globo, Galvão Bueno inclusive, e relatei o acontecido. Galvão era um dos parceiros de Pelé no tênis e, em suas memórias, refere-se à história como se a tivesse testemunhado. Não, não pense mal dele. A memória prega peças, e é mais comum do que se imagina esse tipo de confusão, com o que já me desculpo por eventuais aqui perpetradas, embora, no caso, não haja a menor dúvida, tanto que conto o episódio na abertura da entrevista em *Playboy*.

De Pelé recebi inúmeras demonstrações de afeto. Uma delas quando ele soube que eu colecionava relógios. Às vésperas do Natal de 2000, um seu emissário me trouxe um pequeno pacote que tinha de ser entregue em mãos. Dentro, um relógio de prata, desses de bolso, com a imagem de Pelé em alto relevo e uma dedicatória na parte interna da tampa: "Ao Juca, o agradecimento de seu irmão Edson 'Pelé'". Soube mais tarde que ele ficara dias às voltas com o teor da dedicatória.

Na passagem de ano, telefonou para desejar felicidades e perguntou se o relógio estava bem guardado. Respondi que sim, com todo o carinho, "em meu criado-mudo".

— Então está mal guardado, Guru-Mor, porque, além da réplica da Taça Jules Rimet, o relógio era a única coisa que eu tinha no cofre do banco, em Santos — explicou.

E eu, que jurava ser o presente um relógio em série que ele mandara fazer para dar aos amigos, fiquei sabendo que se tratava de filho único de mãe solteira, ofertado por um fã suíço. Hoje está bem guardado.

Mas brigamos. Pelé concordou em fazer o chamado Pacto da Bola com a cartolagem que antes ele denunciara. Em 2001, aceitou participar de um encontro com o então ministro do Esporte de FHC, Carlos Melles, e mais João Havelange, Ricardo Teixeira e o presidente do Clube dos 13, Fábio Koff. A reunião resultou num acordo espúrio para salvar Teixeira de uma CPI que o denunciou mais de uma dezena de vezes.

Nas justificativas para a abertura da CPI CBF-Nike, em 1999, além de uma reportagem assinada por mim, que contou com a colaboração de Marcelo Damato e Roberto Dias, na *Folha de S. Paulo*, com a exposição do contrato entre a entidade e a empresa de material esportivo, acertado três anos antes e escondido a sete chaves, se fazia menção às denúncias de Pelé, cuja empresa de marketing esportivo fora vítima de pedido de propina para comprar os direitos de campeonato promovido pela CBF, como ele dissera na entrevista da *Playboy*.

Quando Pelé se reconciliou com a cartolagem, eu começava a colher material para escrever, a pedido dele, sua biografia autorizada. Antes da reconciliação, nós conversamos e manifestei minha discordância; quase apelei para que ele não fosse a Brasília. Mas palavra de Rei não volta atrás, e ele já se comprometera a ir.

No dia seguinte ao acordão, ele me liga e quer saber se eu estava muito contrariado, usando outra palavra. Respondo dizendo que já tinha o título do capítulo sobre o episódio na biografia dele:

— "O dia em que Edson traiu Pelé".

— Não, Guru-Mor, não pode. Não é porque divergimos que vamos brigar.

Como eu estava mesmo p. da vida, devolvi:

— Então, não tem biografia.

Aí foram quarenta minutos de conversa contados no relógio. Confesso que em determinados momentos eu perguntava a mim mesmo quem é que eu pensava que era para falar daquele jeito com o Rei, um cara que eu vi dispensar um encontro com Bill Clinton, na Casa Branca. Tempos depois, recebo de Pelé um bilhete que começava assim: "Irmãos também brigam...". Mas princípios são princípios, razão pela qual, apesar de sempre que nos encontramos sermos afetuosos um com o outro, o cristal quebrou.

Sim, sei que você quer saber que história é essa de Pelé recusar convite de Clinton. Então vamos lá. Clinton estava na Casa Branca presidindo os Estados Unidos, e Pelé e eu estávamos em seu escritório, na rua Joaquim Floriano, no bairro paulistano do Itaim Bibi. Eis que a secretária entra na sala e anuncia o presidente americano no telefone. Vejo o Rei dizer não três vezes. O primeiro porque estaria na Europa; o segundo porque na África; e o terceiro porque em Nova York, mas em férias. Quando desligou, perguntei:

— Você recusou datas ao homem mais poderoso do mundo?

A resposta foi espetacular:

— Ah, já cansei de conhecer presidentes dos Estados Unidos. Conheci o Kennedy, o irmão dele, Robert [que Pelé incluiu entre os presidentes...], o Reagan, o Nixon, o Ford, o Carter, o Bush, todos. Ele que quer me conhecer. Este ano não vai dar.

Esse mesmo Pelé, por outro lado, um dia me perguntou se era verdade que eu me dava bem com d. Paulo Evaristo Arns, porque queria encontrá-lo. Disse-lhe que bastaria pedir à secretária para ligar e certamente d. Paulo iria vê-lo onde e quando ele marcasse.

— Não, peço que você marque e eu é que vou onde e quando ele estiver. Depois passo a minha agenda.

Não passou. Mas Pelé é assim. Capaz de dizer não a Clinton, com quem acabou se encontrando para bater bola no morro da Mangueira, em 1997, e de se ajoelhar diante do padre.

Tenho grande carinho por ele, dói vê-lo envelhecer, jamais houve e dificilmente haverá um jogador assim, e lamento sua maneira de encarar a política e a tendência em acomodar quando deveria romper. Também, se fosse perfeito, não seria Pelé. Seria como o jornal londrino *The Sunday Times*, num diálogo imaginário, escreveu: "Como se soletra Pelé? Com as letras G-O-D".

Quando, na época da ditadura brava, eu, radical de esquerda, o criticava por não adotar posição política, meu pai me dizia que dele só deveriam ser cobrados mais gols.

E, afinal, quem sou eu para criticá-lo?

11. Olha lá, na *Placar*

Dentre tantos bordões celebrizados por Osmar Santos, um dizia, quando o jogador tinha falta perigosa ou pênalti para bater e seu time não estava vencendo:

— Capricha, garotinho, que o placar não é seu.

Pois demorei mais de vinte anos para descobrir o óbvio: a *Placar* não era minha. Definitivamente, a conclusão não me favorece.

A revista entrou muito cedo em minha vida, antes mesmo de ela nascer. Exatamente para atendê-la como pesquisador e arquivista é que fui entrevistado por um grupo de jornalistas experientes da Editora Abril, em janeiro de 1970. Roger Karman, então diretor de Serviços Editoriais, o que englobava o Dedoc para o qual fui indicado, Cláudio de Sousa, que deu o nome à semanal e foi seu primeiro diretor, Woile Guimarães e Maurício Azedo, os dois redatores-chefes da *Placar*, formavam o amigável quarteto de entrevistadores, tão simpático que falamos de quase tudo, de futebol inclusive.

Karman mais tarde viria a ser diretor de Recursos Humanos

e o primeiro comandante da TVA, o que o escala na minha entrada e, à sua revelia, na minha saída da editora, porque a malsucedida operação televisiva da empresa teve tudo a ver com o fim da relação. Cláudio de Sousa, o sétimo funcionário da Abril, logo deixou a direção da revista. Guimarães, o Guima, virou diretor de Jornalismo da Rede Globo em São Paulo e depois ingressou na área do marketing eleitoral. Azedo presidiu, mal, a Associação Brasileira de Imprensa.

Participei, maravilhado, de todos os passos iniciais da *Placar*, da confecção de seus números zero (foram três e os tenho encadernados, bem como a coleção inteira com meu nome no expediente, de 1970 a 1995) e de seus 25 anos seguintes.

Durante dois anos só pensava na revista enquanto começava a cursar Ciências Sociais, e tinha o mesmo regime de trabalho, no Dedoc, que a equipe da publicação, porque era o único dos funcionários do departamento com, digamos, conhecimento para tanto. Trabalhava aos domingos, folgava às segundas-feiras. No fim desse período, acabei promovido a supervisor da pesquisa de texto do Dedoc, o que ampliava minha atuação para o atendimento de todos os títulos da editora, *Veja* incluída. Nem por isso deixei de ter a *Placar* no meu horizonte, e muitas vezes fui trabalhar aos domingos, mesmo, aí, sem poder folgar no dia seguinte.

Até que, em 1973, recebi nova promoção e assumi a gerência do Dedoc. Permaneci no expediente e acompanhando de perto até 1974 quando, para minha absoluta surpresa, Milton Coelho da Graça e Jairo Régis, respectivamente publisher e diretor de redação da *Placar*, resolveram que eu deveria ser chefe de reportagem. Mas como, se eu jamais havia feito uma reportagem?

— Queremos o seu senso de organização, o resto você aprende em um mês — disse o camarada Jairex, como o chamava.

De fato, o que sei de jornalismo aprendi ali, com um bando de professores; além da dupla que me convidou, com repórteres como Carlos Maranhão, Divino Fonseca, José Maria de Aquino, José Trajano, Lemyr Martins, Michel Laurence e, sobretudo, com dois redatores-chefes inesquecíveis, Hedyl Valle Jr. e João Rath, figura tão genial como misteriosa.

Hedyl foi o melhor líder de uma redação que conheci. Tinha uma argúcia e um senso de justiça extremados, bem como um humor imbatível: era capaz de inventar vinhetas musicais, algumas impublicáveis, para cada situação do dia a dia. Um aneurisma o levou muito cedo, prejuízo incalculável para o jornalismo brasileiro.

Se você me perguntar se convivi com algum gênio, será este o nome na resposta: João Rath, que morreu brigado comigo, para minha tristeza. Rath era gaúcho, gordo e deixava seus cabelos brancos bem compridos. Escrevia frases no quadro-negro com as duas mãos em direções opostas, sem errar. Também era perfeitamente capaz de batucar na máquina de escrever conversando com você.

Apaixonado por carreiras de cavalo, havia sido editor de turfe do jornal carioca *Correio da Manhã*; ouvia os páreos noturnos do Jockey Club Paulistano às quintas-feiras na redação e com dez segundos de transmissão acertava o vencedor.

Uma ocasião, em Buenos Aires, foi a uma casa de tangos de raiz, nada a ver com atrações para turistas, e acompanhou todas as canções, a ponto de um velho cantor, ao encerrar sua apresentação, acercar-se de sua mesa e perguntar em que região da Argentina tinha nascido. Ao sabê-lo brasileiro, não acreditou:

— Eu cantei dois tangos que aprendi com meu avô e nem gravados foram. Como você os conhece?

— Conhecendo — foi a resposta que obteve.

Rath tinha coisas de bruxo. Antecipava resultados de jogos por uma lógica que só ele dominava.

Um dia, usei como epígrafe, num trabalho de política para a

faculdade, a introdução de um texto de Graciliano Ramos, meu autor preferido, "Pequena história da República", que está no livro *Alexandre e outros heróis*. Dizia assim: "Em 1889 o Brasil se diferençava muito do que é hoje: [...] o rádio não anunciava o encontro do Flamengo com o Vasco, porque nos faltavam rádio, Vasco e Flamengo".

O professor Brás José de Araújo desconhecia o texto e comentou que, de tanto ler sociologia e política, acabara se descuidando da literatura. Diante disso, propôs que organizássemos na Ciências Sociais um seminário de literatura brasileira e começássemos por Graciliano.

Mestre Antonio Candido era a pessoa certa para palestrar, e lá fui à sua casa expor nossa ideia. Ele lamentou não poder nos atender, mas pediu uns minutos para achar uma correspondência que recebera com comentários sobre o seu prefácio para a reedição da obra do escritor alagoano. Voltou com a carta na mão, dizendo:

— Procure por João Rath. Ele mora aqui em São Paulo e sabe mais de Graciliano do que eu.

Quase caí para trás.

Ao chegar à redação, contei o episódio; Rath ficou vermelho e afastou completamente a possibilidade de participar do seminário:

— Elegancinha, nem pensar!

Tínhamos, então, rádio, Flamengo e Vasco, mas ficamos sem a palestra. E "Elegancinha", sim, pois ele tinha um jeito todo especial de tratar as pessoas e, segundo o crítico literário José Castello, foi um escritor sem livros.

Quando, em 1979, logo depois da fracassada greve dos jornalistas em São Paulo, mais uma vez surpreso, fui intimado a assumir a direção da *Placar*, nos desentendemos. E não porque ele quisesse o lugar, mas porque pôs na cabeça que eu fecharia a revista. Assim me falou, sem cerimônia, em nossa primeira conversa em minha nova sala.

Garanti a ele que não, que jamais faria isso, ao contrário, minha missão era salvar a revista. Rath não arredou pé de sua convicção e, quando eu lhe disse que não poderia contar com um chefe de redação que tivesse tamanha desconfiança, perguntou:

— Você está me demitindo?

Respondi que não, mas repeti que ele tinha de tirar aquela ideia maluca da cabeça.

— Então você está me demitindo.

Levantou-se e saiu da sala.

Nunca mais o vi e, quando *Placar* comemorou dezoito anos, o homenageei no editorial, na esperança de que ele o lesse e me procurasse, o que jamais aconteceu.

Rath só bebia guaraná, caminhava pelas madrugadas paulistanas, não tinha medo de ser assaltado porque se dizia amigo das prostitutas e dos marginais, e afirmava que não era casado mas que tinha uma baby-sitter que cuidava dele.

Vida que segue, assumiu o cargo o jornalista Celso Kinjô, com quem tabelei feliz por muitos anos; desses profissionais capazes de aliar perfeccionismo e lealdade no mesmo patamar.

Geraldo José de Almeida, narrador da TV Globo, não gritava mais: "Olha lá, olha lá, olha lá, no placar!" no momento do gol, quando começamos novo esforço, para manter viva a semanal esportiva brasileira. Era tão difícil que um dos comandantes da área publicitária da Abril a tinha sentenciado à morte ainda em meados dos anos 1980.

— *Placar* está fora do escaninho das agências de propaganda — decretou Júlio Cosi.

Infelizmente, ele estava certo. Porque em 1984 resolvemos, por inspiração de Roberto Civita, que dizia sonhar em fazer a vitoriosa revista semanal esportiva americana *Sports Illustrated*, lançar a *Placar Todos os Esportes*. Montamos um timaço na redação e fomos à luta.

Lançado o primeiro número, Civita mandou um bilhete dizendo que enfim tinha lido uma *Placar* de cabo a rabo e havia gostado muito. A edição anterior, ainda só basicamente de futebol, vendera coisa de 95 mil exemplares, abaixo, portanto, dos 100 mil, número mágico na Abril. A nova revista não vendeu 80 mil. Os leitores que a compravam por causa do futebol se sentiam prejudicados pela diminuição do espaço de seu esporte, e quem amava outros esportes não via na publicação autoridade para tratar deles.

No número 3 da *Todos os Esportes* recebi outro elogio de Civita e avisei que as vendas tinham caído para 70 mil. Ele me tranquilizou:

— Vamos trocar de leitor. As vendas vão cair até uns 35 mil e depois vão aumentar.

Beleza! Nada como um patrão otimista.

Não sei exatamente em que edição, mas, quando chegamos aos 40 mil, fui eu quem mandou um bilhete a ele: "Estamos quase chegando ao seu objetivo: vendemos só 40 mil". Na semana seguinte a revista voltou a ser só *Placar* e a tratar quase só de futebol.

Dada sua instabilidade, *Placar* também não estava disponível para assinatura e vivia da venda em bancas, salvo em raras ocasiões, como durante a Copa do Mundo de 1982, quando conseguimos quatro patrocinadores. Foram onze anos de luta árdua para mantê-la viva semanalmente, até que em 1990 deixou de existir como tal. Hibernou, esse é o termo, até 1995, quando convenci a Abril a relançá-la.

O Brasil comemorava o pentacampeonato mundial, as meninas usavam a camisa de Romário (tínhamos um ídolo no futebol novamente), e propus uma revista jovem, *Futebol, Sexo e Rock & Roll*. Pegou!

Trouxemos, por indicação de Thomaz Souto Corrêa, um dos melhores diretores de arte do mundo, o americano Roger Black, chamado de Mr. Magazine em seu país. Em formato grande e inédito no Brasil, o projeto gráfico ficou magnífico e a primeira nova edição, de abril de 1995, vendeu mais de 350 mil exemplares, respaldada por campanha publicitária com a marca registrada de Washington Olivetto.

Na capa, Edmundo, ídolo do Vasco e do Palmeiras, então no Flamengo, com a chamada: "O Animal precisa de carinho". Detalhe: o jogador segurava no colo um urso de pelúcia amarelo, por sugestão da diretora de arte da revista, Lenora de Barros. Quando ela falou de levar o bichinho para o estúdio, nós rimos. Imagine se Edmundo aceitaria, dissemos todos os machos alfa à artista gráfica. Lenora, assim mesmo, levou o urso, assistiu à sessão de fotos e, no fim, sugeriu ao atleta que pegasse o bichinho. O Animal nem titubeou.

Tínhamos uma capa sensacional, com outras chamadas como "O futebol na terra dos dinossauros"; "Mulheres, carros, rock and gols"; "A primeira transa dos craques"; e "Moda: quanto mais quente o jogo, menos roupas elas usam".

As duas edições seguintes, tão repletas de brindes que pareciam uma árvore de Natal, também venderam bem. Não era exatamente a revista que eu queria ler, mas parecia ser do gosto da garotada.

Para não perder o pulso crítico, combativo e investigativo da marca *Placar*, publicávamos um encarte chamado de "Placar Urgente", com as mazelas da cartolagem. Foi aí que o caldo entornou. A Abril estava começando sua desastrada operação televisiva, a TVA, e precisava comprar campeonatos de futebol.

Um parêntese.

Quando eu soube que a Abril pensava em entrar em televisão, numa conversa com Roberto Civita, sugeri a ele que falasse com Roberto Marinho e propusesse uma espécie de Tratado de Tordesilhas: a Abril não entrava em TV, a Globo não entrava em revistas, cada uma na sua.

Não aconteceu nada disso; a Abril perdeu fortunas com sua aventura numa área para a qual não tinha a menor vocação e a Editora Globo também nunca brilhou. Até porque, se quisesse fazer TV a sério, a Abril deveria ter oferecido sociedade a Boni, da Globo. E a Globo, se quisesse fazer revistas para valer, deveria ter oferecido sociedade a Thomaz Souto Corrêa, da Abril.

Então, numa noite de Prêmio Abril, festa anual da editora em que as melhores produções de suas revistas eram agraciadas, por mim apresentado na ocasião, Roberto Civita me contou que Ricardo Teixeira, presidente da CBF, se queixara e dissera não poder negociar com uma empresa que publicava uma revista que lhe fazia marcação cerrada.

Civita me pediu que parasse com as críticas e denúncias. Ponderei não fazer sentido ele se orgulhar de a *Veja* ter colaborado para derrubar Fernando Collor e ao mesmo tempo se curvar diante de um cartola.

— Ricardo Teixeira é o Collor da *Placar* — argumentei.

Ele pareceu ter aceitado.

Um mês depois, nova edição na banca, mais uma bordoada em Teixeira, e sou convocado para uma reunião com Civita, seu filho Gianca, que cuidava da TV, Thomaz e um tal Walter Longo, que entrou mudo e saiu calado. Civita reiterou o pedido que me fizera e acrescentou uma frase de Teixeira dita a ele com raiva:

— Eu mando na CBF, Roberto Marinho manda na Globo e você não manda na Abril.

Thomaz e eu argumentamos que não ficaria bem nos curvarmos; Gianca, com baixo poder de convencimento, tentou ser pragmático; e Civita, novamente, pareceu aquiescer. Fazia sentido, até porque, não muito tempo antes, a *Veja* exibira uma campanha na TV com um filme que dizia basicamente, ao mostrar a porta da sala de Civita, o seguinte: "Nem este homem tira uma notícia de *Veja*".

Afinal, não eram os leitores os patrões da Abril? Não, não eram, como testemunhei no mês seguinte, mais uma edição com críticas à CBF.

Thomaz chamou-me para dizer que Civita e ele já não me viam como diretor da *Placar* e lamentou que a matéria crítica não houvesse sido feita com humor, pois assim não teria causado problemas. Eu mentiria se negasse meu espanto e uma sensação de falta de chão. Morro pobre, mas não perco a pose. De bate-pronto, pedi a Thomaz que chamasse o diretor de RH e fizesse as minhas contas.

Teve início então uma novela que durou mais de mês. Thomaz não aceitou minha solicitação; disse que a Abril tinha planos para mim, ouviu de volta que eu não tinha planos para a Abril; insistiu até para que eu pegasse minha mulher, o cartão *corporate* da empresa e tirasse um ano sabático pelo mundo, para depois ir a Navarra, na Espanha, fazer um curso de novas mídias. Diante de outra recusa — porque, se a proposta fosse um prêmio, eu aceitaria, mas como consolo seria uma desmoralização perante mim mesmo —, pediu um tempo.

Até a compra da revista me propuseram, ideia que cheguei a discutir com Pelé, para uma eventual sociedade. Quando a Abril soube, o preço subiu, ficou inviável, e a novela seguiu por mais uns dias, agora em torno do teor do comunicado de minha saída. A editora apresentou os termos de sempre: "Depois de 25 anos de bons serviços, o jornalista Juca Kfouri encara novos desafios…".

Na-na-ni-na-não! Até para evitar ter de sair atirando, sugeri: "Depois de 25 anos de casa, por divergências editoriais, o jornalista Juca Kfouri está deixando a Editora Abril...". Assim foi feito, ou quase. "A partir de 1º de julho, Juca Kfouri deixa a Abril, por divergir da linha editorial que a empresa quer imprimir à nova revista *Placar*", dizia o comunicado sobre minha saída.

Para quem me perguntava o que tinha acontecido, era fácil responder:

— Eu queria fazer uma revista, a Abril queria fazer outra, a dona da revista é a Abril, perdi.

Simples assim.

Mas não é que, na biografia de Civita, Longo disse que me perguntou, na fatídica reunião, por que eu não criticava a cartolagem em meus comentários na Globo e que eu teria respondido que lá não podia? Ora, por mais burro que eu seja, jamais daria tal resposta, um tiro na minha própria cabeça.

Primeiramente porque já não estava na emissora. Além do mais, cansei de criar crises na Globo por desancar a cartolagem. Até tirado de escala de jogo eu fui, pela direção do Esporte, por criticar o cartola que presidia a Federação Paulista de Futebol. Eduardo José Farah, o presidente da FPF, declarara que a decisão do Campeonato Paulista de 1992, para a qual eu estava escalado, era mais importante para o São Paulo do que a final do Mundial de Clubes. Na sexta-feira anterior ao jogo, eu disse no *Jornal da Globo* que Farah mereceria entrar para o Febeapá, o Festival de Besteiras que Assola o País, criação de Sérgio Porto, o Stanislaw Ponte Preta. No dia seguinte fui comunicado de que não faria a final.

Na verdade, nada disso precisaria vir à luz. Longo mentiu, pelo simples fato de eu ter me demitido da Globo meses antes de relançar a *Placar*, ou seja, não fazia o menor sentido a emissora estar na conversa, como de fato não esteve. Longo deixou a reunião, repita-se, tão calado e dissimulado como entrou, embora eu esteja convencido de que era ele quem envenenava a cabeça de Gianca Civita. A mentira não tem pernas longas.

Em tempo: saí da Globo porque não aguentava mais fazer o *Jornal da Globo*, ao vivo, de madrugada, e estar na Abril no dia seguinte pela manhã. Alberico de Souza Cruz, o diretor de Jornalismo que substituiu Armando Nogueira, chegou a propor que eu só fizesse a edição das sextas-feiras.

Fiquei lá de 1988 a 1994 e fiz duas previsões de arrasar, no ar: a primeira, no *Jornal Nacional*, no sábado anterior à decisão do Campeonato Paulista de 1988, o do Centenário da Abolição da Escravatura, entre Guarani e Corinthians. Imaginei o negro Viola fazendo o gol corintiano para acrescentar mais um centenário ao Campeão dos Centenários, vencedor dos campeonatos de 1922 e de 1954, um do centenário da Independência e outro do iv Centenário da fundação de São Paulo. Pois Viola fez o gol do título. Durante bem uma semana as pessoas me abordavam para dar os parabéns.

O resultado da segunda previsão, no ano seguinte, foi o inverso. Antes de um jogo entre Internacional de Porto Alegre e Olimpia do Paraguai, eu disse, no *Jornal da Globo*, que mudaria de nome se o Inter perdesse a vaga na Libertadores para o time guarani: passaria a me chamar Juca Witte Fibe, sobrenome da Lilian, que ancorava o noticioso. O Inter jogava em casa, pelo empate, e, se perdesse de um time muito mais fraco, ainda teria disputa de pênaltis. Pois o Inter perdeu o jogo por 3 a 2 e nos pênaltis por 5 a 3.

Ainda bem que o *JG* não chegava aos pés do *JN* em audiência, era exibido de madrugada e eu moro em São Paulo, não no Rio Grande do Sul. Mas valeu. Valeu porque com toda a rigidez do "padrão Globo de televisão", no dia seguinte quando fui ao ar, para minha agradável surpresa, meu nome apareceu como "Juca Witte Fibe".

Ao entrar na Abril, eu tinha apenas vinte anos, menos tempo

de vida do que lá viria a passar. Para minha alegria, como se diz, do limão fiz limonada. Descobri que existia vida fora da Editora Abril, a quem sou grato por tudo que aprendi e pela generosidade da indenização a que fiz jus, na verdade até maior e paga em tempo menor que o combinado.

Mas passou. Guardo ótimas lembranças e nenhum rancor.

12. Não luto e luto

Acredite, por mais que as pessoas me falassem de um período de luto a ser enfrentado, não passei um dia enlutado.

— Você vai acordar, se vestir e, de repente, descobrir que não tem pra onde ir — alertavam.

Verdade: acordava, me vestia e, delícia!, não tinha pra onde ir.

Durante a novela do desligamento da Abril, procurei Otavio Frias Filho na *Folha de S.Paulo*, pedi sigilo sobre o que acontecia e propus uma coluna de página inteira aos domingos, como a de Elio Gaspari. Otavio ficou de pensar, mas disse que gostava mais de colunas diárias.

Dias depois, anunciada oficialmente minha saída da Abril, Matinas Suzuki, editor-chefe da *Folha*, procurou Otavio para informá-lo e o encontra com o pai. Otavio filho diz que já sabia e Frias pai determina:

— Vamos trazê-lo para ser o Janio de Freitas do esporte.

Temo tê-lo decepcionado.

Recebi então uma ligação para um novo encontro com Otavio filho e ouvi dele, em tom brincalhão, a frase que resolvia tudo:

— Você me deixou em má situação. Sua oferta virou convite. Agora meu pai mandou te contratar. Resolva os detalhes com o Matinas. Quero ficar de *tertius*, caso haja algum problema.

O único problema possível seria uma proposta indecorosa de Matinas, mas ele fez uma boa oferta para cinco colunas por semana, contrapropus algo um pouco maior e voltei para casa feliz de minha vida à espera da resposta.

No caminho, toca o telefone, é Aluizio Maranhão, redator-chefe do *Estado de S. Paulo*, que me pede para não conversar com ninguém antes de falar com ele. Agradeço e digo que já estava comprometido com a *Folha*, onde me acolheram muito bem, e que não faria leilão.

Saí da Abril numa sexta-feira e no domingo estreei a coluna na *Folha*, escrita, por sinal, ainda em minha sala na *Placar*. Somado ao que recebia para fazer o *Cartão Verde* na TV Cultura, com Flávio Prado e José Trajano, mais, em seguida, a remuneração para participar da Rádio CBN, um convite de Heródoto Barbeiro, meus ganhos estavam recompostos e eu poderia trabalhar em casa, exceção feita aos domingos, quando ia para a TV, sem o trânsito enlouquecedor de São Paulo durante a semana. Minha qualidade de vida melhorou tanto que eu que não creio olhava todos os dias para o céu e dizia:

— Olha, Deus, não acredito que você exista, mas, se as coisas continuarem assim, sou até capaz de acabar acreditando.

Desmamar da Abril e de seus benefícios foi mais fácil do que eu supunha. Bastou comprar um carro, que não precisava ser trocado a cada dois anos e todo o resto. Ficou bem assim.

Tinha início a minha chamada carreira solo, sem precisar mais mandar em ninguém, contratar ninguém, demitir ninguém, me preocupar com ninguém além dos meus. Em postos de chefia desde os 22 anos, entre o exercício do poder e o da liberdade, o segundo ganha de goleada, e aos 45 eu estava livre. Parece mentira, mas faz já outros 22 anos que desfruto dessa vida, e há quem me convide para escrever minhas memórias, algo assustador de cara, mas extremamente prazeroso durante.

A experiência na *Folha* é tão satisfatória que antecipo um episódio acontecido quatro anos depois de eu ter começado a trabalhar para o jornal.

Em 1997, nasceu *Lance!*, e seu editor, Walter de Mattos Jr., queria porque queria que eu tivesse uma coluna no diário, apesar de ter sido o meu o único nome que João Havelange, então presidente da Fifa, o aconselhara a manter distante.

Embora eu visse com a maior simpatia a ideia de um tabloide colorido de futebol, não só não acreditava que daria certo, como não tinha motivo algum para deixar a *Folha*. Quando conheci Walter, tentei demovê-lo da ideia de fazer um jornal esportivo, assim como João Saldanha, ao saber que *Placar* seria lançada, vaticinou que não duraria "meia dúzia de edições". Fiquei em boa companhia.

Em 1999, quando a operação na internet ganhou corpo, aceitei escrever uma coluna diária no Lancenet, mas a direção da *Folha*, que na época via seus jornalistas serem assediados por novas plataformas de todos os lados, vetou, na base do ou lá ou cá. Meu contrato era de exclusividade no impresso e achei que não estava certa aquela atitude. Havia negociado o blog no Lancenet com Marcos Augusto Gonçalves, o MAG, que estava na posição de segundo executivo do Grupo Lance! e a quem conheci exatamente na *Folha*. Liguei para ele e avisei:

— Você acaba de realizar o sonho do Walter. Minha coluna no papel também vai praí. Só que vocês terão de pagar igual à *Folha*.

Ele riu. E Walter topou.

Foram seis anos irretocáveis. Deixei com pesar o *Lance!*, em virtude de novo convite da *Folha*, onde me julgava mais apropriado e com trabalho ainda a fazer. A conversa com Walter quando me demiti foi dolorosa, como se o apunhalasse pelas costas. A *Folha* até topava dividir a coluna, mas como, anos antes, não aceitara proposta inversa, o *Lance!* também não quis.

Pelo *Lance!* cobri a Copa do Mundo de 2002, na Ásia, sem sair do Brasil. Tenho verdadeiro pavor de passar mais de doze horas dentro de aviões. E não é por medo. É que, a partir da nona, décima hora, vai me dando uma claustrofobia, um enjoo com o cheiro, uma aflição por ar puro, sensações que me impediriam de conhecer a Ásia e a Oceania, por mais que tivesse vontade. Nem o Corinthians eu cobri no Japão, em 2012. Também, não precisava, pois já tinha visto o time ser campeão mundial no Maracanã, no primeiro Mundial de Clubes organizado pela Fifa. Aliás, vi em cobertura pelo *Lance!*, por coincidência, ao lado de meu filho André, que lá estava pela ESPN Brasil. Literalmente ao lado, diga-se, porque, embora credenciados por veículos diferentes, o sobrenome nos colocou juntos na tribuna de imprensa.

Antes disso, porém, ainda na *Folha*, tem a marcante cobertura da Copa do Mundo de 1998, na França.

Nunca neste país uma cobertura foi tão rica. Vivia-se um tempo de fartura, e a *Folha* registrou a Copa nababescamente. Mandou tanta gente que não havia credencial para todos, o que obrigava a compra de ingressos em profusão. Cada um dos enviados tinha direito a quarto individual, o que é civilizado, num bom hotel, em Pontault-Combault, a trinta quilômetros de Paris, carro, um exagero, e aos essenciais telefone celular e laptop.

Além da equipe do Esporte do jornal e do reportariado em geral, a cobertura foi incrementada com a presença de colunistas ilustres como Carlos Heitor Cony, Clóvis Rossi, Janio de Freitas e José Simão, uma festa. Sérgio Dávila, atual editor executivo, lá estava como repórter, Mercedes-Benz à disposição, porque, quando foi pegar o Renault igual aos dos demais enviados, não havia nenhum disponível.

Lembro de um jantar ao ar livre num refinado restaurante em Marselha, quatro garçons por mesa, com Cony, Clóvis e Janio, além de Matinas Suzuki, então o editor-chefe, e de Alberto Helena Jr., em que pedi o filé mais caro do mundo porque, na verdade, todos se esbaldaram nos peixes menos eu, sem fome naquela noite. A divisão da conta não me favoreceu e por dias tive de ouvir os convivas me gozando pela má escolha. Janio, Clóvis e Cony esculhambavam o governo FHC, e eu tentava defendê-lo com o argumento dos milhões que haviam saído da miséria.

Naquela noite, a Seleção Brasileira, já classificada para as oitavas de final graças às duas vitórias nos jogos anteriores, tinha perdido para a Noruega, por 2 a 1, com um gol de pênalti dos noruegueses que vale a pena ser contado. Vi a partida ao lado do repórter João Carlos Assunção, nas tribunas do estádio do Velódromo, o mesmo onde a Seleção Brasileira disputara a Copa do Mundo de 1938 e que, ao contrário do que se fez para a de 2014 no Brasil, não foi demolido para receber a de 1998. Estava 1 a 1 quando foi marcado pênalti contra o Brasil. João Carlos, espantado, perguntou:

— O que o juiz deu?

— Pênalti do Júnior Baiano no Flo. Puxou a camisa dele — respondi.

— Eu não vi — retrucou o sério João Carlos.

— Pois veja no replay — disse, e apontei para o monitor de TV em frente.

Eis que a repetição do lance não flagrava pênalti algum. João Carlos olhou para mim como se eu tivesse ficado maluco. O juiz e eu.

Terminado o jogo, escrevi minha coluna não sem antes passar pela bancada dos jornalistas noruegueses. Nenhum deles dizia que o pênalti acontecera. Contei que a Seleção havia sido prejudicada e lamentei a perda da invencibilidade, porque nas quatro Copas anteriormente vencidas pelo Brasil não houvera derrota.

Assim que mandei a coluna para a *Folha*, recebo ligação de meu filho André, que vira o jogo atrás do gol brasileiro, com um ingresso cedido por Raimundo Chaves Cunha Jr., o profissional administrativo designado pela *Folha* para cuidar da equipe. Raimundo, além do mais, na ausência de Pedro Martinelli, tratou de ser o meu Waze da vez, porque só no Boulevard Périphérique de Paris, com suas inúmeras saídas e 35 quilômetros de extensão, me perdi umas dez vezes. Explico: André cobria pela ESPN Brasil, sem credencial porque a emissora, bem ao estilo guerrilheiro de José Trajano, lá estava para fazer o que fosse possível.

— Pai, o que você escreveu? — perguntou.

Ao começar a responder, fui interrompido.

— Mas foi pênalti. O Júnior Baiano puxou a camisa do Flo.

Desliguei imediatamente e escrevi outra coluna afirmando que o pênalti acontecera. Àquela altura, todos comentavam no centro de imprensa que Galvão Bueno havia feito um editorial no *Jornal Nacional* desancando o árbitro. Em seguida, sou chamado pela Rádio CBN e digo que houve o pênalti. Os ramais da emissora não deram conta de receber ligações de ouvintes indignados comigo, acusado, por ser crítico da CBF, de inventar uma falta que não existiu, como se estivesse feliz com a derrota.

No jantar em Marselha, conto o episódio, comento ter sido salvo por meu filho e me pergunto como pude, embora tivesse visto o puxão, me deixar levar pela imagem da TV, experiente que sou.

No dia seguinte, imagens de um cinegrafista sueco mostravam pênalti claro. Galvão se desculpa, mas ninguém telefona para a CBN para se desculpar. André dissera na ESPN o que vira, mas poucos viam, então, a ESPN. Fiquei com a fama de ter sido o único a acertar.

Dois dias depois, porém, Janio, com a elegância e a correção de sempre, digamos, me entrega. Escreve em sua coluna que quem tinha o mérito do acerto era André... De fato! Será o caso de dizer que com amigos assim não é preciso ter inimigos? Acho que não. Ou melhor, tenho certeza de que não, porque conviver com Janio foi das melhores experiências que alguém pode ter.

André, diga-se, ao me ver no primeiro treino brasileiro a que fui na França, subiu as escadas do estádio e me deu um beijo. Luis Fernando Verissimo, que presenciou a cena, fez um comentário breve, bem ao seu estilo:

— Ainda se fazem filhos como antigamente.

Mal sabia ele da minha emoção ao encontrar o filho para cobrirmos juntos uma Copa do Mundo. Como concorrentes!

O que, como se viu, não foi bem assim. A Copa que, para mim, havia começado com a cobertura de meu credenciamento, inicialmente recusado pela Fifa, pela imprensa escandinava que apoiava o então presidente da União das Federações Europeias de Futebol, o sueco Lennart Johansson, em oposição à dupla Havelange-Blatter, iria terminar com uma bola entre as pernas de todos nós. Explico: eu havia coberto as quatro Copas anteriores pela *Placar* e estava na *Folha*, o maior jornal do país. Mas recebi uma carta da Fifa, sem explicação, informando que meu credenciamento fora negado. Era óbvia a mão de Ricardo Teixeira na negativa. A *Folha* fez editorial, jornais do mundo inteiro me procuraram, virei "personalidade mundial", objeto de protestos de entidades de imprensa brasileiras e internacionais. Chico Buarque de Holanda, credenciado para cobrir a Copa pelo *Globo/ Estadão*, declarou que era um absurdo ele ir e eu não, razão pela qual oferecia sua credencial. Pena que durou só quatro dias minha "projeção planetária"…: no quinto dia depois do editorial da *Folha*, João Havelange, que presidia a Fifa, mandou uma carta a Otavio Frias dizendo que houvera um equívoco e que ele "mandasse o rapaz". A CBF transformara uma questão paroquial num caso universal. Burros! Minto: a Copa começara para mim ainda antes de eu chegar à França, ao dar, com exclusividade, que Romário, com o time em Paris, seria cortado. A fonte, que jamais será revelada, soube disso por acaso numa conversa despretensiosa com um membro da CBF que nunca imaginou que nos conhecêssemos.

Aos trancos e barrancos a Seleção chegou à finalíssima no Stade de France, o único erguido para a Copa de 1998. Era tudo que os franceses diziam que queriam, o Brasil na final, se possível, como aconteceu mas eles encaravam como sonho, contra a França. Tanto é verdade que, apenas depois de os donos da casa terem vencido, na prorrogação, o Paraguai, nas oitavas de final, em jogo que estiveram a pique de perder e serem eliminados, eles foram às ruas para comemorar. Antes, tratavam a Copa com desdém.

Nós, jornalistas brasileiros, fomos para a decisão a fim de ver o Brasil ser pentacampeão. Nem mais nem menos. Ninguém cuidou de uma providência simples, e obrigatória: ir cobrir a saída do time nacional para o estádio; conversar com os funcionários do hotel para saber da atmosfera entre os jogadores; registrar se havia velas acesas; enfim, o clima que precede uma final de Copa de Mundo. Se tivéssemos ido, provavelmente teríamos percebido uma ausência no ônibus da delegação ou ouvido os empregados do lugar comentarem o corre-corre que culminou na ida do principal protagonista da Seleção para o hospital: sim, é claro, falo de Ronaldo Fenômeno. Daí termos sido pegos de calças curtas quando se anunciou, no estádio, que Edmundo seria o titular.

A França, como se sabe, deu um baile na Seleção, ganhou de 3 a 0 sem dó nem piedade, e Zagallo cometeu o erro de escalar Ronaldo, sob o falso argumento de que, se não o escalasse, não poderia voltar ao país. Ao contrário, apenas ele, tão vitorioso como jogador e como treinador, duas Copas vencidas na ponta-esquerda em 1958 e 1962, outra como técnico em 1970, e mais uma como supervisor em 1994, poderia dizer que, entre correr o risco de perder uma vida e perder uma Copa, optou pela segunda hipótese.

Ronaldo, por mais que insistisse, não poderia ter jogado. O próprio Zagallo conta que na preleção, antes que o Fenômeno chegasse ao vestiário, motivara o time lembrando que o Brasil tinha vencido uma Copa, no Chile, em 1962, sem o Rei Pelé.

De tudo que ouvi e li a respeito do que realmente aconteceu com o jogador, estou convencido de que foram dois os fatores que desencadearam a convulsão horas antes da final: excesso de anti-inflamatórios por causa do joelho baleado (algo que a literatura da medicina registra) e síndrome do pânico. Não confunda, por favor, com "amarelar".

Ronaldo era o cara da Copa e sobre seus ombros recaíram mais responsabilidades do que ganhar o pentacampeonato. Um dia o vi depois de um treino com dois telefones nos ouvidos ao mesmo tempo. Num tratava de contrato de publicidade, noutro da casa que alugara para abrigar o pai, a mãe e os agregados. Pai, divorciado da mãe, com a namorada. Não bastasse isso, Susana Werner, namorada do jogador, era alvo de todo tipo de fofoca, porque fazia um filme na Itália (e os companheiros queriam saber se ela aparecia nua, se tinha cenas de sexo) e estaria de caso com um jornalista da Globo.

O Fenômeno não completara ainda nem 22 anos! Era muito e foi demais, insuportável para um jovem de extraordinário talento, mas jovem, muitíssimo jovem, e que deveria ter sido blindado, ter tido alguém só para cuidar dele, como nós, da *Folha*, tínhamos o Raimundo. Coisa que dona CBF não fez, mais preocupada em cuidar dos inúmeros juízes e desembargadores, e suas mulheres, que levou para a França e hospedou em hotéis cinco estrelas, com tudo pago.

Derrota consumada, saí correndo da tribuna porque tinha de participar do *Cartão Verde*, com Trajano, Tostão e Flávio Prado, do outro lado de Paris, e Cony me olhou com desaprovação, como se para um mau perdedor. Meu carro, com o logotipo da *Folha*, foi cercado por torcedores eufóricos, alguns agressivos, ao identificarem um brasileiro. Achei que não chegaria a tempo, mas cheguei, buzinando e batendo palmas para eles, simpático toda vida. No dia seguinte, encontrei Fábio Koff, o chefe da delegação brasileira, e quis saber como ele estava se sentindo. A resposta não poderia ser mais reveladora:

— Passei noventa minutos torcendo para o jogo acabar com o Ronaldo vivo.

Copas se ganham e se perdem, e não há melhor professor para nos ensinar a conviver com a frustração do que o futebol.

Volto ao diário *Lance!*, a janeiro de 2000, à madrugada seguinte à noite em que o Corinthians se sagrou o primeiro campeão Mundial de Clubes Fifa.

Desde logo explico que assim não diminuo em nada os títulos conquistados anteriormente pelo Santos, Flamengo, Grêmio e São Paulo. Até porque festejei os do Santos e trabalhei com alegria nas demais conquistas. Dito isso, constato: tratou-se do primeiro Mundial de Clubes Fifa. Ponto, parágrafo.

E reitero que ser ou não campeão mundial da Fifa pouca diferença faz e que tenho a entidade na conta de uma transnacional criminosa.

Naquela madrugada, depois de escrita a eufórica coluna para o *Lance!*, fui jantar com meu filho André e Walter de Mattos Júnior. Quando volto para o hotel e subo sua escadaria, vejo um

jovem de não mais que dezoito anos sentado no primeiro degrau e com a camisa do campeão mundial. Ao me ver, ele se levanta de braços abertos, me abraça, chora e, chorando, pergunta:
— Que mais eu posso querer da vida?
— Tudo, amigo, tudo!
Vou até o quarto e não consigo dormir. Tinha de retornar cedinho a São Paulo num avião coalhado de corintianos, os quais fizeram tantas coreografias no voo, que foi necessária a intervenção do comandante para alertar que daquele jeito a viagem acabaria antes de Congonhas.

Insone, rememoro minhas aventuras, e as desventuras corintianas enfim sepultadas. Sim, eu também, aos cinquenta anos, não precisava ver mais nada na vida: o mundo era preto e branco, nada de azul como dissera o primeiro astronauta que vira a Terra do espaço sideral, em 1961, o soviético Yuri Gagarin.

O garoto da escadaria era um corintiano muito diferente de mim. Se tivesse mesmo os dezoito anos que lhe dei, havia nascido em ano de Corinthians campeão de 1982, festejara seu primeiro aniversário com o bicampeonato, vira os títulos estaduais de 1988, 1995, 1997 e 1999, ano sim, ano não, Corinthians campeão, as conquistas dos Brasileirões de 1990, 1998 e 1999, da Copa do Brasil de 1995. Enfim, era um corintiano vencedor, mal-acostumado.

Eu, é claro, também tinha vivido, incrédulo, tudo aquilo, mas, aos dezoito anos, e até os 27, vira apenas a conquista de 1954. Era um corintiano sofredor. Se meus filhos sempre acham que o Corinthians, antes de qualquer jogo, vai ganhar, eu, ao contrário, trago na alma a marca do pessimismo — sempre acho que perderá.

Lembrei-me de 1974. Lá se iam vinte anos sem gritar "é campeão!", quando fui ao Morumbi ver a decisão estadual contra o Palmeiras. Fui, não. Fomos, pela primeira vez juntos, minha mulher Susana e eu. São-paulina por influência de dona Cida, sua mãe, não ligava para futebol e virou corintiana por minha causa.

Também pudera, pobre dela. Namorávamos desde 1965, como disse, e tínhamos um trato: nos domingos de jogo do Corinthians em São Paulo, nada de namoro. Quando o jogo era no interior, íamos ver um filme. Eu de radinho de pilha, "egoísta", no ouvido, que era como chamávamos os fones, algumas vezes dei vexame no cinema. Porque em jogos difíceis, e era um parto ganhar da Ferroviária em Araraquara ou do Botafogo em Ribeirão Preto, não aguentava e gritava gol junto com o narrador. Então, no dia da decisão contra o Palmeiras, ao me despedir para ir ao jogo, ela se associou.

— Vou com você — disse resoluta.
— Mas como? Você nunca foi! — espantei-me.
— E você acha que, depois de tantos anos te vendo sofrer, vou perder esse dia?

Era tão certo que o Corinthians seria campeão que, antes do início da partida, Luís Pereira, excepcional zagueiro palmeirense, procurou Rivellino no gramado, abraçou-o e lhe deu os parabéns, porque "depois do jogo vai ser impossível falar com você", previu. Mas o Palmeiras venceu, 1 a 0, gol de Ronaldo, atacante mineiro que era primo do grande Tostão.

Costumo dizer que naquela tarde vivi o Maracanazo de 1950, quando o Uruguai ganhou a Copa do Mundo do Brasil. Havia mais de 120 mil torcedores no estádio, no máximo 10 mil alviverdes, tão habituados a serem campeões que, não sei se por respeito, e acho que por isso, ou por temor, nem festa fizeram. Naquele tempo ninguém usava tênis e você ouvia, no fim do jogo, o som das solas dos sapatos nas ruas em torno do estádio, num velório colossal.

Ao chegarmos perto de meu Fusca, Susana olhou para mim com ar compungido e quis me consolar:

— Não faz mal, né, amor? Foi só 1 a 0.

Ela não estava entendendo o tamanho do drama.

Exagero ao dizer que ali percebi que nosso casamento não duraria muito mais tempo, embora tenha durado ainda três anos.

Algo que, com razão, ela não gosta que eu diga, o que sei porque contei essa história num documentário sobre os 23 anos de jejum.

As desventuras, que não param por aí, já vinham de antes. Em dezembro de 1969 faltei ao exame simulado do vestibular, no cursinho, para ir em caravana ver Cruzeiro e Corinthians em Belo Horizonte. Se o Corinthians vencesse, seria o campeão do Robertão, o Campeonato Brasileiro de então. Ao meu lado no ônibus, um cidadão enorme que não abriu a boca do Parque São Jorge ao Mineirão.

Tostão e Dirceu Lopes jogaram demais, e os mineiros ganharam por 2 a 1, o que valeu o título ao Palmeiras, que, na mesma tarde, derrotou o Botafogo. Ao sair do estádio, o ônibus foi apedrejado e enfrentamos os quinhentos quilômetros da Fernão Dias noite adentro com muito frio, porque, apesar do verão, o vento que entrava pelas janelas era intenso. Na entrada de São Paulo, ao amanhecer, senti a mão do homenzarrão apertar minha perna enquanto dizia com os olhos esbugalhados:

— Briguei com minhas duas mulheres para ir nesse jogo e o Coringão ainda me perde.

Antes que eu pudesse reagir, ele se levantou e berrou:

— É o Coringão, é o Coringão, porra!

Num instante, como se tivessem ouvido um toque de despertar, os torcedores desfraldaram suas bandeiras e o ônibus entrou em festa na cidade. Quem já estava nas ruas naquela segunda-feira olhava incrédulo para a cena de absoluto nonsense, já que o campeão brasileiro era, sim, de São Paulo, mas não era o time daqueles loucos.

Eu, que tinha dito ao meu pai que iria dormir na casa de um colega para estudar para o exame no domingo, ao chegar, ali pelas nove horas da manhã, o encontrei no portão. Preparei o espírito para uma bronca homérica, mas apenas ouvi, enquanto entrava e dizia bom-dia:

— Tudo para ver o time perder, hein?

Prometi só voltar ao Mineirão depois que o Corinthians fosse campeão.

Passados três anos, eu já estava no Dedoc, uma quarta-feira o Corinthians enfrentaria o Botafogo, no Rio, pela semifinal do Brasileirão, em partida única. Fui trabalhar normalmente, mas doido para assistir ao jogo. Meu chefe, Samuel Dirceu, atleticano e também apaixonado por futebol, percebeu e me disse para pegar o carro e ir. A Abril ficava na marginal do Tietê, perto da entrada da via Dutra. Fui.

O Botafogo ganhou por 2 a 1 e o Corinthians teve um gol mal anulado, se não me engano do zagueiro Baldochi. Antes de tornar a pegar a Dutra, parei no Bob's na avenida Brasil e comi o pior queijo quente com suco de uva de todos os tempos. No famoso retão da estrada, olhei no velocímetro do Fusca e o ponteiro batia no pino à esquerda da marca de 120 quilômetros por hora. Pensei na irresponsabilidade, sabia que naquela velocidade o carro não pesava mais que dez quilos, que um cachorro que atravessasse a pista provocaria um acidente fatal, mas juro, aos 22 anos, falei para mim mesmo:

— Dane-se. Se eu morrer, ao menos escapo das gozações.

Sobrevivi, como se vê, e prometi nunca mais voltar ao Maracanã enquanto o Corinthians não fosse campeão.

Por isso eu disse ao preocupado corintiano em 1977 que jamais havia me sentido tão bem na vida. Por isso eu entendi perfeitamente o outro fiel que encontrei no Rio em 2000.

Não, não fiz promessa alguma depois da derrota de 1974, no Morumbi, porque já quase não teria mais estádio para ir. A de ficar longe do Maracanã custou caro, custou caríssimo, causou uma falha imperdoável em minha biografia: não participei da invasão do estádio em 1976, quando 70 mil corintianos o dividiram com a torcida do Fluminense e saíram de lá classificados para a final do Brasileirão, contra o Inter, no Beira-Rio.

Sobre a invasão, Nelson Rodrigues, tricolor de coração, escreveu em *O Globo*, no dia seguinte ao jogo, em 6 de dezembro de 1976:

1 — Uma coisa é certa: — não se improvisa uma vitória. Vocês entendem? Uma vitória tem que ser o lento trabalho das gerações. Até que, lá um dia, acontece a grande vitória. Ainda digo mais: — já estava escrito há seis mil anos, que num certo domingo, de 1976, teríamos um empate. Sim, quarenta dias antes do Paraíso estava decidida a batalha entre o Fluminense e o Corinthians.

2 — Ninguém sabia, ninguém desconfiava. O jogo começou na véspera, quando a Fiel explodiu na cidade. Durante toda a madrugada, os fanáticos do Timão faziam uma festa no Leme, em Copacabana, Leblon, Ipanema. E as bandeiras do Corinthians ventavam em procela. Ali, chegavam os corintianos, aos borbotões. Ônibus, aviação, carros particulares, táxis, a pé, a bicicleta.

3 — A coisa era terrível. Nunca uma torcida invadiu outro estado, com tamanha euforia. Um turista que, por aqui passasse, havia de anotar no seu caderninho: — "O Rio é uma cidade ocupada". Os corintianos passavam a toda hora e em toda parte.

4 — Dizem os idiotas da objetividade que torcida não ganha jogo. Pois ganha. Na véspera da partida, a Fiel estava fazendo força em favor do seu time. Durmo tarde e tive ocasião de testemunhar a vigília da Fiel. Um amigo me perguntou: — "E se o Corinthians perder?" O Fluminense era mais time. Portanto, estavam certos, e maravilhosamente certos os corintianos, quando faziam um prévio carnaval. Esse carnaval não parou. De manhã, acordei num clima paulista. Nas ruas, as pessoas não entendiam e até se assustavam. Expliquei tudo a uma senhora, gorda e patusca. Expliquei-lhe que o Tricolor era no final do Brasileiro, o único carioca.

5 — Não cabe aqui falar em técnico. O que influiu e decidiu o jogo foi a torcida. A torcida empurrou o time para o empate.

6 — A torcida não parou de incitar. Vocês percebem? Houve um momento em que me senti estrangeiro na doce terra carioca. Os corintianos estavam tão certos de que ganhariam que apelaram para o já ganhou. Veio de São Paulo, a pé, um corintiano. Eu imaginava que a antecipação do carnaval ia potencializar o Corinthians. O Fluminense jogou mal? Não, não jogou mal. Teve sorte? Para o gol, nem o Fluminense, nem o Corinthians. Onde o Corinthians teve sorte foi na cobrança dos pênaltis. A partir dos pênaltis, a competição passa a ser um cara e coroa. O Fluminense perdeu três, não, dois pênaltis, e o Corinthians não perdeu nenhum. Eis regulamento de rara estupidez. Tem que se descobrir uma outra solução. A mais simples, e mais certa, é fazer um novo jogo. Imaginem que beleza se os dois partissem para outro jogo.

7 — Futebol é futebol e não tem nada de futebol quando a vitória se vai decidir no puro azar. Ouvi ontem uma pergunta: "O que vai fazer agora o Fluminense?" Realmente, meu time não pode parar. O nosso próximo objetivo é o tricampeonato carioca. Vejam vocês: — empatamos uma partida e realmente um empate não derruba o Fluminense. Francisco Horta já está tratando do tricampeonato. Estivemos juntos um momento. Perguntei: — "E agora?" Disse — amanhã vou tomar as primeiras providências para o tricampeonato. Como eu, ele não estava deprimido. O bom guerreiro conhece tudo, menos a capitulação. Aprende-se com uma vitória, um empate, uma derrota. Só a ociosidade não ensina coisa nenhuma.

No seguinte jogo, vocês verão o Fluminense em seu máximo esplendor.

Ao Beira-Rio eu fui, supostamente a trabalho. O Inter foi o campeão ao ganhar por 2 a 0.

Não sei o que seria de mim se não tivesse havido 1977.

13. Novo século, novos tempos, velhas lutas

Minha neta menor, Julia, certa vez me disse que deve ser muito bom viver em dois séculos diferentes. Disse isso com nove anos, nascida em 2008. Por quê, não soube explicar.

Três anos antes dela nasceu Luiza. Se eu começar a contar aqui casos e gracinhas das duas, não vou parar mais.

Sei que passei longe de ser um marido ideal, que fui um pai presente e que jamais disse a terrível frase "não vi meus filhos crescerem", porque vi e muito bem, e que sou um ótimo avô. Para qualquer hora. Na verdade, minhas netas mudaram minha vida para muito melhor, acabaram com meu sedentarismo, me rejuvenesceram. Luiza, pequeninha, mal falava, um dia disse:

— O vovô é "paixonado" da "Uiza".

E Julia, também com menos de três anos, ao acordar com o avô entre a irmã e ela, subia em mim e anunciava:

— Eu tô ocupando espaço.

Para falar delas, por um bom tempo escrevi para a revista *Pais&Filhos* uma coluna, "Vovô Juca". Se você quiser conhecer as melhores gracinhas e sacadas de duas pequenas encantadoras, pesquise no Google e poderá constatar que não é coisa de avô babão, aliás meu apelido no Skype. Parei com a coluna quando Lulu não gostou de uma história que escrevi em que ela chamou fita cassete de cassetete, porque as coleguinhas iriam zoar com ela na escola. Criar caso por causa de meus textos era uma coisa; com a neta, jamais!

Antes de Luiza nascer, em 2005, tivemos a Copa do Mundo (2002) no Japão e na Coreia do Sul, à qual não fui. Não fui, como já expliquei, por claustrofobia em voos de mais de doze horas, e consegui convencer meus chefes, no diário *Lance!*, na REDETV!, onde apresentava o programa *Bola na Rede*, de onde saí por me recusar a fazer propaganda, e na Rádio CBN, de que estava saudoso de ver uma Copa no Brasil, ainda mais uma que se disputaria nas madrugadas. Colou, mesmo porque seria uma cobertura cara, e é possível que tenham até me agradecido. Claro, poderia fazer uma escala no meio do caminho, ficar uns três dias e embarcar para a Ásia. Mas cadê coragem para propor tamanha mordomia?

Ah, sim, a CBN. Comecei a trabalhar nela em 1997, por convite de Heródoto Barbeiro, como disse, que havia sido meu professor de história no cursinho pré-vestibular. Todos os dias fazia uma coluna gravada para o *Jornal da CBN* e entrava, ao vivo, por telefone, na segunda edição, no fim da tarde, com Sidney Rezende, uma dobradinha que dava muito certo, graças ao talento dele.

Em 2000 o diretor do Sistema Globo de Rádio, Agostinho Vieira, perguntou se eu não queria fazer um programa diário das 20h às 21h, do jeito que eu quisesse e com quem eu quisesse. Respondi que não, porque estava muito feliz com minha qualidade de vida, e que havia prometido a mim mesmo, ao sair da Abril, que nunca mais haveria de estar num mesmo lugar no mesmo horário todos os dias. Habilidoso, Agostinho fingiu concordar e deu o xeque-mate:

— Entendi perfeitamente e estou de acordo. Mas deixe eu fazer só uma pergunta: você está rasgando dinheiro?

Não tínhamos tocado nisso até então. E pedi que não tocássemos. Mas ele tocou.

Era irrecusável, é claro que eu não precisaria fazer merchan, e durante dez anos apresentei o *CBN Esporte Clube*, com enorme prazer. Havia dias em que chegava na rádio com quinhentos quilos nas costas e saía de lá leve feito uma pluma. Nunca disse, mas, na verdade, o programa funcionava como terapia, quer dizer, se eu tivesse que pagar para fazer, eu pagaria.

Criei uma série de slogans, desde "Tome chá de cadeira, esperando a queda de Ricardo Teixeira", que dava alergia no diretor da Globo Esportes, Marcelo Campos Pinto, até outros inofensivos para ridicularizar os garotos-propagandas travestidos de jornalistas: "Casas decimais, precisão absoluta em resultados esportivos"; "Se(r) veja só se é possível, tem canastrão fazendo merchan na televisão"; "Banco da praça, que pra você trabalha de graça"; "Machados de Assis, para quebrar certas caras de pau"; "Lençóis freáticos, os únicos 100% naturais"; "Banco de sangue, doe sangue que não dói"; e por aí afora, alguns criados por ouvintes, além do "remédio da dona Nadir".

Dona Nadir era uma ouvinte da rádio. No dia seguinte à estreia do *CBN Esporte Clube*, recebi um recado dela ao chegar na emissora. Ela reclamava que eu não dava as horas durante o programa e deixou um telefone. Liguei e ouvi uma bronca:

— Meu filho, rádio é prestação de serviço. Eu ouço a CBN da hora que acordo até que vou dormir. Estou entrevada há anos e preciso tomar uma porção de remédios. Se você não disser a hora, me esqueço de tomar.

Naquela mesma noite, antes de chamar o intervalo, anunciei:

— Dona Nadir, são oito e quinze. Está na hora do seu remédio.

Quem estava no estúdio me olhou como se eu fosse maluco, o que me levou a pensar que o bordão poderia pegar.

Assim fiz nos três blocos seguintes. No outro dia havia nova ligação dela, para agradecer. Durante dez anos mantive a toada, mesmo depois de sua morte, em 2009, como homenagem à ouvinte tão fiel.

Uma noite até a entrevistei, quando soube que era são-paulina e que tinha visto o primeiro jogo de Leônidas da Silva no Tricolor, no Pacaembu, em 1942, recorde de público jamais batido no estádio, com mais de 70 mil torcedores.

As pessoas achavam que ela era minha mãe e quem me conhecia supunha que fosse minha tia Nadir, da puc. Acontece que minha tia era surda e não ouvia rádio. Passado algum tempo que eu começara com o bordão, titia bronqueou:

— Meu sobrinho, você é mesmo uma peste. Todos os dias quando passo na frente do ponto de táxi os motoristas dizem: "Está na hora de seu remédio, dona Nadir". Ontem eu parei e perguntei que história era essa e um deles me disse: "A senhora não ouve o programa do Juca?". Ora, eu não ouço rádio por motivos óbvios. Mas eu também não tomo remédio!

Nunca tive coragem de lhe dizer que a homenagem era para outra Nadir.

Tinha um bordão também que gozava o presidente do Comitê Olímpico do Brasil, Carlos Nuzman, mas não me lembro bem como era, talvez uma rima forçada, alguma coisa como "Vinho de açaí, esperando o Carlos Nuzman cair".

O programa ganhou dois prêmios da apca, a Associação Paulista de Críticos de Arte, no terceiro e no décimo ano de sua existência, quando saiu do ar porque já era mesmo hora de parar. A jornalista Mariza Tavares, que substituiu Agostinho e comandou o jornalismo da CBN por catorze anos, entre 2002 e 2016, segurou todas as barras possíveis e imagináveis durante os oito anos do programa em sua gestão, e eu já estava saudoso dos tempos em que não tinha que estar diariamente no mesmo lugar na mesma hora.

Fiz deliciosas parcerias: com Vitor Birner, não só na CBN mas também no UOL, Éverson Passos e André Sanches (não confundir, por favor, com o cartola corintiano), bem como tabelei com Sócrates, Paulo Massini e Renato Maurício Prado. Digamos que o programa ia além do que se convencionou chamar de atração esportiva em emissoras de rádio porque procurava falar pouco futebolês e extrapolar as quatro linhas do gramado, segundo a máxima de Nelson Rodrigues: "Cego é aquele que só vê a bola". Incomodava, e bastante, a superestrutura do esporte nacional e, como tal, causava problemas internos e externos, daí ter sido eterno enquanto durou.

Esqueci de contar que também tive um programa diário de entrevistas na Rede CNT, entre 1996 e 1999, que não era de esporte, *Juca Kfouri Ao Vivo* e, depois que passou a ser gravado, *Juca Kfouri Entrevista*. Em São Paulo, a TV Gazeta o retransmitia, e não se tratava de um talk show, porque era apenas "talk".

Por ele passaram, ao que me lembre sem forçar a memória, Alberto Dines, Armando Nogueira, Carlos Alberto de Nóbrega, Carlos Heitor Cony, Cauby Peixoto, Darcy Ribeiro, Fernanda Montenegro, Fernando Henrique Cardoso, Gilberto Gil, Gustavo Krause, Hortência, Ivan Lins, Jaime Lerner, Jô Soares, Jorge Ben Jor, José Gregori, Leonel Brizola, Luiza Erundina, Lula, Magic Paula, Mino Carta, Nelson Gonçalves, Paulo Coelho, Paulo Maluf, Pedro Bial, Pelé, Roberto Requião, Ronald Golias, Ronnie Von, Ruth Cardoso, Sérgio Motta, Sócrates, Tim Maia, Toquinho,

Tostão, Walter Moreira Salles, Washington Olivetto, Zico, enfim, política, esportes e cultura.

No YouTube sobrevivem as entrevistas com Ronald Golias e Carlos Alberto de Nóbrega, dona Ruth Cardoso e Tim Maia, a primeira e a terceira de rolar de rir. Nelson Gonçalves disse que não havia mais no Brasil nenhuma cantora capaz de dar um dó de peito.

Paulo Coelho se assustou ao perceber que eu tinha lido o livro que ele acabara de lançar, motivo da entrevista.

— Achava você metido a besta — disse no ar.

Jô Soares falou do filho, Rafael, autista, comoventemente. Ronnie Von contou da doença rara que quase o matou e disse que nunca tinha se aberto tanto numa entrevista, figura surpreendente pelo preparo intelectual e sensibilidade.

Leonel Brizola deu um show. Chegou desconfiado ao estúdio e começou a entrevista monossilábico. Só mais para o fim do primeiro bloco se soltou um pouco. No intervalo me disse que, embora soubesse que meu irmão Beto, que mora em Porto Alegre, era do PDT, haviam lhe dito que eu era tucano. Interrompi:

— Ora, governador, o senhor faz parte da história do Brasil. Não veio aqui para ser maltratado.

Do segundo bloco em diante foi uma festa de casos. Entre outras histórias, contou a de um casal de velhinhos que viajou de Santana do Livramento até Porto Alegre (493 quilômetros) para vê-lo fazer no estúdio o programa de rádio que apresentava pela manhã quando governou o Rio Grande do Sul, entre 1959 e 1963. O programa estreou com apenas trinta minutos e foi sendo ampliado no decorrer do tempo. Então, ao chegar, a velhinha, emocionada, teria lhe dito:

— Sabe, governador. Nós adoramos seu programa. Porque despertamos com o começo, dormimos mais um pouco, acordamos de novo, e o senhor continua falando.

Um dia, o dono da CNT, o deputado paranaense José Carlos Martinez, que veio a morrer num acidente aéreo, revelou que queria presidir o PTB e me pediu ajuda. Para começar, solicitou que o entrevistasse.

— Sem problema — respondi.

Na abertura da entrevista avisei aos telespectadores que aquele seria um papo delicado, porque o entrevistado era o meu patrão. Ele interveio:

— Não, o seu amigo.

Repeti que era o meu patrão e fiz todas as perguntas que tinha de fazer.

Depois ele me pediu que entrevistasse o deputado Roberto Jefferson, do PTB-RJ. Voltei a dizer que não teria problema, afinal se tratava de uma figura nacional, que havia sido da tropa de choque de Collor. Martinez, então, achou melhor mudar o pedido, e escolheu o deputado paulista, também do PTB, e ex-governador Luiz Antônio Fleury para ser entrevistado. Nenhum obstáculo, repeti, outra figura nacional e que poderia responder sobre o massacre do Carandiru em seu governo, quando 111 presos foram mortos pela PM paulista.

O afável Martinez desistiu das entrevistas e, simultaneamente, decidiu parar de pagar o meu salário. Ao cabo de três meses sem receber, escrevi para ele dizendo que era muito fácil resolver nosso problema e que eu já tinha entendido tudo: bastava pagar o que me devia e rescindiríamos o contrato sem multa.

Assim foi, e o dono da CNT pôs em meu lugar um entrevistador capaz de fazer tudo como ele queria: Ferreira Neto (também já falecido). Isso me surpreendeu porque, fazia pouco tempo, Martinez ajudara a solucionar bem uma questão delicada. Discutia-se em São Paulo a construção de um shopping center em Higienópolis e a associação dos moradores do bairro era contra. Convidamos para conversar o dono da construtora e o presidente da associação. Horas antes do debate, o empresário Paulo Malzoni desistiu; deixei vazia a cadeira reservada para ele e entrevistei o presidente da associação.

Ocorre que Malzoni era do Conselho Curador da Fundação Cásper Líbero, mantenedora da TV Gazeta, cujo capataz de plantão, Sérgio Felipe dos Santos, não queria que o programa fosse ao ar. Pois foi, como era de lei, e ele resolveu que minha entrada no prédio da TV estava proibida. A CNT construía, na época, sua sede em São Paulo, e Martinez bancou, com o estúdio ainda por terminar, que eu o ocupasse e fizesse o programa de lá.

Em tempo: José Carlos Martinez elegeu-se presidente do PTB.

Em 2002, na Copa do Mundo realizada no Japão e na Coreia do Sul, o Brasil ganhou o pentacampeonato. Se não tivesse ido aos Estados Unidos em 1994, ficaria convencido de que o pé-frio era eu.

A Família Scolari, como se chamava a Seleção sob o comando do técnico Luiz Felipe Scolari, começou mal a Copa; foi se entrosando durante o torneio; conseguiu uma vitória surpreendente contra a Inglaterra nas quartas de final, por 2 a 1, depois de ter vencido as frágeis Turquia, China e Costa Rica na fase de grupos, e a Bélgica nas oitavas; passou pela Turquia outra vez na semifinal; e derrotou a Alemanha na finalíssima por 2 a 0, gols de Ronaldo Fenômeno.

Felipão deixou Romário de fora, peitando o presidente da CBF, Ricardo Teixeira, e apostou tudo em Ronaldo e Rivaldo, que vinham de graves lesões e estavam sem jogar fazia um bom tempo. Deu-se muito bem, porque Rivaldo foi o melhor jogador da Copa e Ronaldo fez os gols de que o time precisava.

Vi a Copa pela TV, e me deliciava ao observar os prédios do bairro onde moro irem acendendo as luzes à medida que a hora do início dos jogos se aproximava. A final, por exemplo, começou às oito da manhã no horário brasileiro, e duas partidas, contra a Costa Rica e contra a Inglaterra, aconteceram às três e meia da madrugada. Rojões espoucavam sem cerimônia no ainda escuro céu paulistano e pelo país afora.

O Brasil foi pentacampeão e houve uma batalha incruenta para que o voo de volta parasse em Brasília e a Seleção fosse homenageada por FHC, que, durante a Copa, assinara a Medida Provisória que redundaria na Lei da Moralização do Esporte, goela abaixo da cartolagem, ato que testemunhei no Palácio do Planalto. Teixeira estava irritadíssimo com a MP, e só concordou com a ida à capital federal porque não prima pela coragem pessoal.

Veja como são as coisas. Submeter a Seleção, depois de ter voado por mais de 24 horas, a descer no Aeroporto de Brasília e em seguida enfrentar quase sete horas de trajeto até o Palácio do Planalto foi de uma desumanidade que, se tivesse ocorrido no período da ditadura, estaríamos até hoje falando mal do general de plantão. Bem fez o baiano Vampeta que, com cerveja até os tampos, deu cambalhotas na rampa do palácio. Como esperto foi FHC, que entregou a medalha de Teixeira em sua sala, sem fotos, para não aparecer ao lado de quem ele sabia quem era. Lula não teria o mesmo cuidado anos depois. Muito ao contrário.

A pior lembrança que tenho dos primeiros anos do século XXI foi o sequestro de Washington Olivetto, iniciado em 11 de dezembro de 2001 e terminado só no dia 2 de fevereiro de 2002.

Foram mais de cinquenta intermináveis dias e noites, com momentos de desesperança e de tensão inimaginável mesmo para quem tinha vivido os terríveis tempos da repressão.

Fiz parte do pequeno grupo designado para negociar com os sequestradores e de saída tive somente uma certeza, que se confirmou quando os bandidos foram presos: o cabeça da operação não era brasileiro porque, se fosse, não cometeria tamanha crueldade com um cara querido pela torcida corintiana. Como se sabe, o chefe foi um chileno que abandonara a luta contra a ditadura de Pinochet para aderir à bandidagem pura e simples.

Por uma questão de lealdade não entrarei em detalhes, fiel a um acordo entre os membros do grupo de negociação de jamais explorar, por motivo algum, o acontecimento, decisão que cabe apenas ao próprio Washington.

Acredite você ou não, esqueci dos pormenores, e não faço questão nenhuma de lembrá-los.

14. A Copa desprezada de Zinedine Zidane

Não pense que a linha do tempo em minha vida é marcada pelas Copas do Mundo a cada quatro anos, embora fosse quando eu era criança e o intervalo, então, parecesse infindável, sensação substancialmente alterada na maturidade, porque passa rápido demais. Nem bem terminou a Copa no Brasil (terminou mesmo? o 7 a 1 já acabou?), e teremos a da Rússia.

Os anos 2000 começaram muito bem. Logo no dia 14 de janeiro, uma sexta-feira santa, o Corinthians ganhou o primeiro Mundial de Clubes Fifa. Pela primeira vez também, 25 mil corintianos inundaram o Maracanã com um cantochão que virou marca registrada da Fiel Torcida: "Ôôô Todo-Poderoso Timão", entoado como mantra desde que chegaram ao estádio até o fim do último jogo, contra o Vasco, para coroar a festa.

A Fiel ficou ao lado da tribuna de imprensa, e houve um momento, ainda antes do início da partida, em que olhei para um torcedor e fiz um gesto de súplica para que parassem um pouco com aquilo. O cara virou-se para mim e gritou:

— Você já não aguenta mais? Imagine os vascaínos!

Tinha toda a razão.

Da disputa vencida nos pênaltis, a imagem mais marcante é a do capitão corintiano, o colombiano Freddy Rincón, sempre de cara fechada para impor respeito e temor aos rivais, abrindo um dos mais belos sorrisos da história da humanidade.

Dois anos depois, Lula, enfim, após três candidaturas à Presidência da República, elegeu-se. Eu votara nele contra Collor, e em FHC nas duas eleições posteriores. Na quarta tentativa, contra José Serra, fui de 13. Sua primeira gestão estava por terminar quando se deu a Copa do Mundo de 2006, na Alemanha.

A Seleção Brasileira embarcou como favorita com seu Quadrado Mágico, composto por Adriano, Ronaldinho Gaúcho, Kaká e Robinho. O quarteto brilhara na Copa das Confederações um ano antes e deveria ficar ainda melhor, com a entrada de Ronaldo Fenômeno no lugar de Robinho. Basta dizer que Ronaldo havia sido eleito o melhor jogador do mundo em 1996, 1997 e 2002 e Ronaldinho em 2004 e 2005, que Kaká seria eleito em 2007, e que Rivaldo, eleito em 1999 e esnobado pelo técnico Carlos Alberto Parreira, ainda tinha futebol para estar, ao menos, entre os reservas.

Robinho era do Real Madrid e Juninho Pernambucano, no banco, jogava no Lyon, que jamais fora campeão francês, escrita que, sob seu comando, foi quebrada e ele conduziu o time ao pentacampeonato seguido entre 2002 e 2006, façanha que ainda perdurou pelos dois anos seguintes com o heptacampeonato.

Tudo parecia a contento, mesmo com a Seleção sem convencer mas vencendo, até que surgiu a França de Zinedine Zidane pela frente, nas quartas de final. O francês de origem argelina fez das melhores apresentações individuais registradas nas Copas e comandou a eliminação brasileira na vitória dos azuis, brancos e vermelhos por 1 a 0, placar que não revela a superioridade dos gauleses.

A França foi à finalíssima, em busca de sua segunda Copa, contra a Itália, atrás da quarta. Logo aos sete minutos, Zidane marcou um gol, em cobrança de pênalti, mas o zagueiro Materazzi empatou, doze minutos depois, empate que persistiu durante todo o resto do jogo e da prorrogação.

Zidane e Materazzi seriam mesmo os personagens da finalíssima por causa de um momento inusitado, dramático, aparentemente incompreensível, no quinto minuto do segundo tempo da prorrogação. Sem bola, na intermediária italiana, voltando para seu campo, Zidane para, vira-se em direção à meta rival e desfere uma cabeçada no peito de Materazzi.

Sem bola, sem nada, ao que tudo indicava sem motivo (mais tarde se soube que o italiano tinha ofendido a irmã do franco-argelino), flagrado não pelo árbitro principal, mas por auxílio de imagem, o que não era permitido, Zidane foi expulso. A França perdeu seu principal batedor de pênaltis, e a disputa da marca da cal por 5 a 3.

O que deu em Zidane, experiente, capitão do time e melhor jogador da história francesa? Imediatamente escrevi a coluna para a *Folha* sob o título "Que merde, Zidane!", na qual dizia: "[...] Buffon fez a maior defesa da Copa, em certeira cabeçada de Zidane. O mesmo Zidane que fez a maior barbaridade de sua vida, em outra cabeçada, injustificável, inexplicável, insondável, estarrecedora, no peito de Materazzi, que lhe valeu a expulsão de campo como derradeiro ato de sua brilhante carreira de atleta. Entenda o futebol, a vida, o ser humano. Zidane atravessou a fronteira que nos faz vilões". Que bobagem, Juca Kfouri!

No dia seguinte, em meu blog no UOL, anotei: "Albert Camus, franco-argelino como Zinedine Zidane, escreveu que as melhores lições de moral que ele tomou em sua vida foram dentro de um campo de futebol. Camus era goleiro, dos bons, segundo contam. Em seu ensaio sobre o suicídio, Camus diz que este é o único mistério que realmente conta. E argumenta que, ao contrário do sentimento majoritário, o suicídio é um ato de coragem. O que Zidane fez, de certa forma, não terá sido um suicídio?".

Diante do planeta, Zidane desprezou a glória, a segunda Copa, os pênaltis, tudo que o futebol poderia lhe acrescentar, para lavar a honra, para derrubar o preconceito, sangue argelino como o de Camus. A imagem de Zidane deixando o gramado é definitiva quando ele vira as costas para a taça exposta à beira do campo. Como viver, jogar não é preciso.

A Alemanha unificada fez uma Copa inesquecível, em clima permanente de festa. As vitórias do time da casa eram comemoradas com enorme alegria, mas com cuidado para não se transformarem em manifestações nacionalistas, das quais os alemães fazem questão de manter prudente distância, por motivos óbvios. Eles receberam o mundo para mostrar que a imagem espalhada pelo cinema americano, de um país soturno, era apenas um truque de mau gosto hollywoodiano, e nem mesmo a eliminação pela Itália, por 2 a 0, com dois gols nos últimos dois minutos da prorrogação, virou drama. Tudo era festa, até o terceiro lugar, conquistado com vitória sobre a seleção portuguesa de Felipão, que acabou comemorado como um título.

Ah, sim, eu estava de volta à *Folha*, desde setembro de 2005, reconvidado com satisfação e com a delicada intermediação, iniciada dois anos antes, da advogada Taís Gasparian, minha e da *Folha*, ou melhor, da *Folha* e minha.

É preciso dizer que no dia seguinte à saída do jornal, em 1999, Otavio Frias Filho mandara perguntar se eu queria continuar a ser defendido pelos advogados civis e criminais da empresa nas ações impetradas por Ricardo Teixeira. Evidentemente aceitei agradecido, até porque ter Taís e Luiz Francisco de Carvalho Filho, o Chico Fogo, por ruivo, como defensores é garantia de defesas sem dobrar a coluna para os querelantes.

Na primeira vez que Taís me disse que Otavio gostaria de minha volta, eu não pude aceitar por não ter motivo para deixar o diário *Lance!*, muito ao contrário. Mas senti como um reconhecimento que pôs fim à sensação de perda até então vivida. Na segunda, quando topei, entendi, apesar de seguir muito bem tratado onde estava, que ali já havia desempenhado o papel para o qual fora contratado e que na *Folha* ainda tinha muito a fazer. No pacote da volta, tinha um blog, havia um blog no pacote na volta.

O que era um blog no UOL? De segunda a sexta, uma nota diária, responderam, e uma ida semanal para conversar com Lilian Witte Fibe no ar, revivendo a dobradinha da Globo. Esta última parte era puro prazer, e a outra uma tamanha incógnita que na estreia, antes de ir dormir, pensei que, se no dia seguinte, ao me deitar, 10 mil pessoas tivessem acessado o blog, me daria por contente. O blog foi ao ar às seis da manhã de uma segunda-feira e, ao meio-dia, 60 mil internautas tinham entrado na página. Quase caí para trás. "E agora?", pensei. "E se as pessoas gostaram e voltarem? Vão encontrar a mesma nota?"

Começou assim o que descobri em seguida ser uma nova forma de escravidão, a transformação do jornalista em blogueiro. Passei a publicar três, quatro, cinco, às vezes mais notas diariamente, aos sábados e domingos, dias de jogos, inclusive. Até nas férias! Porque os leitores reclamam, perguntam se você está doente, com algum problema, quando acham demasiado o intervalo entre uma nota e outra.

Há meses com mais de 3,5 milhões de visitantes únicos, um espanto, desde 2005. Trato o blog até hoje como em sua origem, tal qual um diário, com aquilo que quero dividir com os leitores, com mais liberdade de escolher temas, não apenas esportivos mas do meu agrado, seja produzido por mim, seja escrito por terceiros. Atualmente a maioria dos blogs é apenas jornalística, como colunas de jornal, opinativas, menos, informativas, mais.

Houve momentos em que, durante a Copa na Alemanha, a caixa de comentários explodiu, e descobriu-se que existia um limite de 2 mil comentários. Se ainda me arrependo de ter começado a fazer rádio tão tarde, já com cinquenta anos, não nego que o blog seja a maior surpresa de minha carreira e que por causa dele fujo de coisas como Twitter e Facebook, para não enlouquecer de vez.

Durante a Copa eu já estava, também, na ESPN Brasil, onde fazíamos o *Linha de Passe* diariamente, madrugada adentro no horário alemão. Muitas vezes terminávamos às gargalhadas de puro sono, riso solto. Quem me convidou para trabalhar lá foi José Trajano, fundador e idealizador da ESPN no país.

No fim da cobertura, testemunhei das cenas mais tocantes numa redação — e olhe que sou vivido em matéria de redações. Terminado o último programa, derrubamos as divisórias do estúdio, sentamos no chão, abrimos infindáveis garrafas e latas de cerveja, e até o amanhecer trocamos experiências sobre o que tinha sido a Copa para cada um. Houve quem se emocionasse às lágrimas naquela verdadeira armada Brancaleone que, com garra e criatividade, enfrentou concorrentes muito mais bem aparelhados e foi muito bem-sucedida. Mais estilo José Trajano, impossível.

Ao deixar a Globo, eu voltara ao *Cartão Verde* na TV Cultura, de onde saí para a RedeTV!, de lá outra vez para o *Cartão*, e para a ESPN Brasil, onde estou até hoje.

O *Cartão Verde* é um caso à parte na história das mesas-redondas de futebol na TV brasileira. Seguidor da lendária *Grande Resenha Facit*, no Rio de Janeiro, precursora desse tipo de programa na nossa televisão, em 1963, primeiramente na TV Rio, em seguida na Globo, com o trio Armando Nogueira, João Saldanha e Nelson Rodrigues, além de José Maria Scassa, Luís Mendes, o apresentador, e Hans Henningsen, chamado de Marinheiro Sueco. O *Cartão* nasceu exatos trinta anos depois, com Armando Nogueira, José Trajano e Luís Alberto Volpe, logo substituído por Flávio Prado. Armando era o denominador comum entre as duas mesas e, em 1994, entrei em seu lugar. O programa, sempre aos domingos, pegou de vez, ganhando, em 1997, o prêmio da APCA.

Infelizmente a direção da TV Cultura mudou tantas vezes o dia de sua exibição que ele acabou perdendo a relevância, embora siga vivo até hoje, às quintas-feiras, apresentado por Vladir Lemos, com Celso Unzelte, o mais sério pesquisador de futebol do país, Roberto Rivellino e Victor Birner, garantias de limpeza e independência.

O *Cartão* teve momentos inesquecíveis, mas o que mais gosto de contar é que certa vez Zé Trajano resolveu fazer greve de silêncio, e permaneceu mudo desde o primeiro bloco porque Flávio Prado e eu discordamos dele sobre nem sei mais o quê. Por mais que nos intervalos apelássemos para ele voltar a falar, não houve jeito. Temi pelo pior, que o demitissem, mas que nada. A birra fez tanto sucesso que só faltou pedirem que ele a repetisse.

Em tempo: terminado o programa em questão, fomos os três comer pizza como em todos os domingos, porque, se há uma coisa que Trajano não faz, é guardar mágoas.

Perder Copas do Mundo já era algo incorporado, mas a farra na Seleção acabou por ser determinante naquela derrota, porque o exemplo vem de cima e Ricardo Teixeira e cia. já passavam de todos os limites, convencidos de sua impunidade.

Carlos Alberto Parreira era o técnico que a tudo viu cúmplice, calado, e teimoso ao insistir com Ronaldo Fenômeno, visivelmente fora de forma, gordo e interessado apenas em bater recordes pessoais, como o de se transformar no maior goleador de Copas do Mundo, o que conseguiu ao marcar seu 15º gol, contra

Gana, ainda que viesse a ser superado em 2014 pelo alemão Miroslav Klose que, no 7 a 1, atingiu dezesseis gols.

Farra também em Brasília, com o escândalo do mensalão que por pouco não derrubou o governo Lula.

A decepção de ver militantes como José Dirceu lambuzados pelo poder é indizível. Descobrimos que o partido da ética na política era igual a todos os outros, embora o PT apanhasse mais, por uma clara posição de classe da nossa mídia e pelo fato de estar no governo.

Assim mesmo, Lula se reelegeu ao golear Geraldo Alckmin no segundo turno e partiu para sua segunda gestão — que culminaria com 87% de aprovação, segundo o Datafolha, e seria capaz de fazer de Dilma Rousseff sua sucessora.

Ele conseguira o milagre de agradar a gregos e troianos, ricos e pobres, banqueiros e bancários, empreiteiros e operários. A que preço?, eis a questão.

15. O Timão cai, sobe, e a Seleção desmorona

O pior de 2006 foi o ano seguinte a 2006.

Sim, foi aquele em que o Todo-Poderoso Timão caiu para a Segunda Divisão nacional, exatamente no dia 2 de dezembro, ao empatar 1 a 1 com o Grêmio no Estádio Olímpico, em Porto Alegre. Durante toda a segunda-feira seguinte meu blog trouxe apenas uma nota, com Maysa cantando "Meu mundo caiu".

Era, aparentemente, a volta do "Corintiano maloqueiro e sofredor, graças a Deus!". Mas não foi. O Corinthians disputou a Série B em 2008 com um pé nas costas, subiu sem sofrer, fez uma linda festa no dia da volta lançando nova música de sucesso que virou moda nos estádios pelo país afora, "O Timão voltou", adaptada para "O campeão voltou" em outras situações, e, de quebra, ainda foi vice-campeão da Copa do Brasil, ao vencer o Sport por 3 a 1 no Morumbi mas perder por 2 a 0 na Ilha do Retiro.

Literalmente, a Fiel fez história com o drama em outra demonstração de amor com frases do tipo "Eu nunca vou te abandonar" ou "Meu coração não tem divisão". Fato é que, em 2009, o

Corinthians ganhou mais um Campeonato Paulista, o 26º, e mais uma Copa do Brasil, a terceira.

Aproveitei 2008 para fazer definitivamente de Luiza, a neta mais velha, então com três anos, uma corintiana. Explico a aparente contradição, exatamente no ano em que o time disputava a humilhante Segunda Divisão. É que o avô materno, Orestes Romitti, é são-paulino, e era com ele que Luiza passava os domingos, depois de estar aos sábados comigo. Diga-se que minha nora Marina também era tricolor, mas um dia, ao me ver fragilizado, prometeu tornar-se corintiana. Eu acreditei, e tenho certeza de que ela cumpre a promessa até hoje.

Ora, em 2007 o São Paulo foi bicampeão brasileiro e Luiza, mesmo sem entender, só via o avô Orestes comemorar vitórias. Ela se dividia dizendo que torcia para um ou para outro, conforme onde estivesse, ou até para os dois. No ano seguinte a Globo fez a maioria dos jogos do Corinthians serem disputados aos sábados até culminar com o título de campeão da Segundona. Detentora dos direitos do Campeonato Brasileiro, ela garantia assim audiência significativa aos sábados, com o time mais popular do maior mercado brasileiro, e aos domingos, com as partidas das equipes da Série A.

A circunstância era ideal para que Luiza testemunhasse as vitórias alvinegras, comemorações de gol, festas em cima de festas. É claro que nunca expliquei a ela a diferença entre a Segunda e a Primeira Divisão, e Luiza aprendeu a declamar de fio a pavio outra criação da Fiel, a que canta: "Aqui tem um bando de louco. Louco por ti, Corinthians. Aquele que acha que é pouco. Eu vivo por ti, Corinthians, eu canto até ficar rouco, eu canto pra te empurrar. Vamo, vamo, vamo, meu timão. Vamo, vamo, vamo, meu timão. Não para de lutar!".

Era de rolar no chão vê-la viver seu segundo batismo que, diga-se, tornou fácil fazer da segunda neta, Julia, sua irmã, outra corintianinha, até porque ela viu, em 2012, o avô corintiano e o tio Felipe se abraçarem emocionados na manhã brasileira em que o Corinthians ganhou do Chelsea por 1 a 0, no Japão, e sagrou-se bicampeão Mundial de Clubes Fifa, primazia entre os clubes nacionais. Verdade que Julia se assustou com o barulho dos rojões.

Sim, por incrível coincidência, meus quatro filhos são também corintianos. Daniel, o segundo, é fotógrafo premiado internacionalmente e cobriu com fotos, sempre em preto e branco, toda a campanha alvinegra na Série B. Felipe, o caçula, que também trabalha com imagens, mas filmadas, além de ser o mais militante politicamente, tem o programa *Fiel Torcedor* e é frequentador da Arena Corinthians.

A Copa do Mundo de 2010 teve lugar na África do Sul, que deixou algumas marcas positivas e outras negativas em minha vida.

Em Joanesburgo, a maior atração, fora o extraordinário Museu do Apartheid, é o shopping center. Trata-se de uma cidade sem transporte público, para evitar que os negros do Soweto cheguem ao centro, embora nos restaurantes refinados já seja possível ver mesas misturadas de jovens negros com jovens brancos, raríssimas entre os idosos.

No voo para a África do Sul, na classe executiva da South African Airways, presenciei uma cena que se repetiria depois, entre negros e brancos mais velhos, ainda intoxicados pelo apartheid.

Na ala central de três poltronas, três senhoras negras conversavam animadamente quando uma quarta negra ficou em pé no corredor para participar do papo. Levantou-se outra senhora, branca, alta, típica africâner, descendente de holandeses. Sua passagem está interrompida pela robusta mulher em pé.

A branca, imóvel, não pede licença para passar, além de buscar um olhar cúmplice. Encontra, ao menos, um olhar branco, o meu. E faz ar de indignação. Uma das senhoras sentadas nota a situação e avisa a amiga em pé. Que abre passagem e pede desculpas. A branca não lhe dá atenção, segue em direção ao banheiro e, quando passa por mim, abre os braços, aponta com os olhos para as negras e diz sem dizer: "Viu no que deu?".

Calado estava, calado permaneci, mas a olhei com desaprovação.

A África do Sul fez uma Copa do Mundo tão corrupta como a do Brasil.

Construiu um estádio gigantesco sem uso, o Soccer City, e tem uma das cidades mais graciosas do mundo, onde passei dez dias depois que a Seleção foi eliminada, a Cidade do Cabo, mistura do Rio dos anos 1960, San Francisco e Côte d'Azur. Lá também ergueu um belíssimo estádio, apelidado de Green Point, talvez o mais bonito que já vi, entre a famosa montanha da Mesa e o oceano Atlântico, mas outro elefante branco num lugar que gosta apenas de rúgbi e já tinha um ótimo espaço para sua prática, o Newlands Stadium.

A Seleção Brasileira estreou em Joanesburgo, no Ellis Park, o estádio celebrizado pela ida, em 1995, de Nelson Mandela à final do Campeonato Mundial de rúgbi, o esporte nacional dos brancos sul-africanos, atitude que significou um passo exemplar na tentativa de unificar a nação. No país recém-democratizado, o Prêmio Nobel da Paz de 1993 viu a África do Sul vencer, por 15 a 12, a favorita Nova Zelândia.

Os negros não queriam que Mandela fosse ao estádio, mas ele insistiu, ganhou a parada e acabou por fazer o país inteiro torcer pelo time, episódio muito bem retratado tanto no livro quanto no filme *Invictus*.

Às vésperas do início da Copa, houve um abraço de Joanesburgo nos Bafana Bafana, apelido da seleção de futebol, que quer dizer "os garotos", em zulu. Vi um jovem pai branco, de uns trinta anos, levando o filho, de cinco, com a camisa do time, para o encontro e perguntei:

— Você também gosta de futebol?

— Não — respondeu —, gosto de rúgbi. Mas ele gosta, vai ser o esporte dele e nós, africanos, devemos isso ao Mandela.

O "devemos isso" era a retribuição, no futebol, ao que o líder havia feito no rúgbi.

Nós, brasileiros, apelidamos o estádio de Gélis Park. Nunca havia passado tanto frio na vida, apesar de ter comprado uma garrafa de bolso de uísque, irmãmente (talvez nem tanto, porque a garrafa estava comigo…) dividida com Tostão, para quem dirigi durante todo o torneio, na mão inglesa que ele não quis testar — volante do lado direito. Diga-se que, por isso, descobri uma coisa em que Tostão não é bom: ele é um péssimo copiloto. De resto, que companheiro de viagem! Sinônimo de solidariedade, estrelismo zero e personalidade rara.

Uma cena recorrente: o jornalista estrangeiro chega perto dele e pergunta se é o Tostao, sem til. Quando ele confirma, com um sorriso de quem gostou de ser reconhecido, vem a pergunta seguinte, inevitável:

— Posso te entrevistar?

Aí, Tostão fecha a cara, explica que está escrevendo (escreve à mão) e foge de interações mais prolongadas.

A estreia da Seleção aconteceu contra a Coreia do Norte, 2 a 1 para o Brasil, com sensação térmica de três graus negativos e um vento insuportável. E olhe que eu estava muito bem agasalhado, com um sobretudo de cashmere alemão que custou os olhos da cara, meu bem mais caro além do carro.

Tudo porque tinha posto na mala, por engano, o sobretudo

de minha mulher, também azul-marinho, o que só percebi ao tentar vesti-lo horas antes do jogo. Com raiva, fui ao shopping center perto do hotel para comprar outro e, ao ver um bonito, caramelo, resolvi que era aquele.

Entrei na loja e estranhei não ter nenhum cliente ali. Estranhei mais ainda o atendimento do vendedor, que só faltou estender um tapete para eu pisar. Quando vesti o casaco e percebi que havia ficado perfeito, o homem exultou. Perguntei o preço. Ouvi-o dizer 13 mil rands, a moeda deles, pouco mais de 3 mil reais. Achei caro, mas a raiva era tanta que falei "dane-se" e mandei embrulhar. Veio a filha toda chique do dono da loja fazer o pacote e, quando dei meu cartão para pagar, a surpresa: não custava 13 mil, mas 30 mil rands, 7200 reais! Onde ouvi *thirteen* era *thirty*!

Não tive personalidade para voltar atrás, me desculpar e ir embora. Uma vergonha! Para piorar, funcionários do hotel tinham furtado o cofre de meu quarto e, apesar de terem devolvido o dinheiro, me dei conta de que o sobretudo também deveria ser guardado ali. Felizmente escapou, porque, é claro, além de não caber no cofre, acho que ladrão algum imaginaria que pudesse custar tanto.

Aliás, por causa do furto fui chamado à corte de Joanesburgo para reconhecer os três funcionários que fizeram a lambança e foram detectados pelas câmeras de segurança. Ora, jamais os tinha visto, eles sabiam quem eu era, onde estava hospedado, por quanto tempo, e não os reconheci. O juiz me disse que teria de deixá-los livres, a menos que eu me comprometesse a voltar ao tribunal depois do fim da Copa para novo depoimento. Expliquei que não poderia, que tinha de retornar ao Brasil.

O policial africâner que me buscara, todo gentil, ao levar-me para o hotel blasfemava no dialeto dele contra os turistas que não colaboram com a Justiça da África do Sul. Fingi não ter entendido nada.

* * *

Finalmente, a Seleção, o futebol e a religião.

Não tínhamos um time, mas guerreiros de Cristo. Guerreiros por conta de Dunga, que precisa achar inimigos para sobreviver e nada melhor que elegê-los entre os jornalistas, ainda mais que, em 1990, o escolheram injustamente como bode expiatório e chamaram de Era Dunga o tempo de uma Seleção derrotada. De Cristo porque seu auxiliar, Jorginho, promovia rezas na concentração com um pastor levado do Brasil.

A Seleção vinha de duas conquistas: a da Copa América, em 2007, quando venceu brilhantemente a Argentina na decisão por 3 a 0, e a da Copa das Confederações em 2009, ao virar na final contra os Estados Unidos para 3 a 2 um jogo que perdia no primeiro tempo por 2 a 0, além de ter enfiado 3 a 0 na Itália na fase de grupos.

Não fazia uma grande Copa do Mundo até encontrar a Holanda, nas quartas de final, em Port Elizabeth. Aos dez minutos, Robinho fez 1 a 0 em passe de Felipe Melo. Kaká sofreu ainda pênalti não assinalado que, se convertido, daria a vantagem de dois gols num primeiro tempo primoroso do time de Dunga.

Mas veio o empate holandês no começo do segundo tempo. Nada estava perdido, bastava seguir jogando, não fosse o fato de os jogadores parecerem ter entendido o 1 a 1 como um castigo de Deus, em nome de quem jogavam e a quem tudo atribuíam. O time simplesmente desmoronou emocionalmente, levou o segundo gol e ainda teve Felipe Melo expulso, por pisar em Robben. Deus quis assim, fazer o quê? Estava decretada a eliminação brasileira. Os holandeses foram em frente até a finalíssima contra a Espanha, quando obtiveram o tri-vice-campeonato (1974, 1978 e 2010), ao perderem de 1 a 0, gol do fabuloso Iniesta.

Kaká jogou a Copa no sacrifício, embora negasse e tivesse

ficado fulo da vida ao ler uma coluna minha em que eu contava o tamanho do seu problema físico, com poder de complicar o futuro de sua carreira, e o elogiava pelo esforço. Mas ele preferiu ver malícia no texto, e aproveitou uma entrevista coletiva em que eu não estava presente para, em resposta sobre outro tema a meu filho André, atribuir o teor da minha coluna ao fato de eu ser ateu e ele religioso.

Os evangélicos transbordaram as redes antissociais, respondi ao seu bestialógico e virei sinônimo do capeta para quem faz da religião instrumento de ódio. Kaká, como se sabe, nunca mais jogou o futebol que o levou a ser número um do mundo em 2007, perseguido por constantes lesões.

De todas as lembranças africanas, a melhor, mais forte, inesquecível foi a de ter visto razoavelmente de perto a figura de Nelson Mandela, no gramado do Soccer City, no último jogo da Copa.

A Fifa não escolhera a África do Sul e, na sequência, o Brasil, a Rússia e o Catar por acaso para sediarem Copas do Mundo. Os quatro países têm em comum pouco controle social e muita corrupção, situação ideal para as empreiteiras nadarem de braçada. Situação escancarada pelo FBI quando resolveu investigar os bastidores da transnacional do futebol.

16. A Fifa, seus chefões e chefinhos

A Federação Internacional de Futebol, fundada em 1904, centrou-se predominantemente nos interesses da Europa até o brasileiro João Havelange assumir sua presidência, setenta anos depois.

Tinha uma pequena sede e não mais que doze funcionários. Sua transformação numa grande empresa transnacional, que se orgulha de ter mais filiados que a ONU (207 a 193), se deu sob a gestão de Havelange. Nada democrática, em 111 anos de história teve menos presidentes, apenas oito, do que a Igreja Católica teve de papas, dez.

É inegável que foi o cartola brasileiro o responsável pela mudança quando, com Pelé como cabo eleitoral no continente africano, venceu o inglês Stanley Rous, que presidiu a Fifa entre 1961 e 1974. Desde sua posse, a entidade passou a não mais caber na velha casa que a abrigava, espalhou-se por diversos locais em Zurique até que, em 2007, o presidente Joseph Blatter inaugurou a nova suntuosa sede, nos arredores do jardim zoológico da cidade suíça, para acomodar quase quinhentos funcionários.

Havelange pegou a Fifa quando o planeta começava a viver o processo de globalização e as Copas do Mundo já eram transmitidas ao vivo para o que o filósofo canadense da comunicação, Marshall McLuhan, chamou de Aldeia Global. Daí em diante, o negócio do futebol tornou-se um dos mais rentáveis da indústria do entretenimento universal.

O cartola fez do interesse despertado pelo esporte mais popular do mundo um extraordinário motivo de ganância para poucos. Aliou-se à Adidas de Adolf Dassler, que enriqueceu primeiramente fabricando botas para o exército nazista de seu xará Hitler, a quem aderiu de corpo, alma e bolso. Tinha início uma era em que o futebol virou meio para amealhar grandes fortunas, invariavelmente de maneira nebulosa.

Gigantes multinacionais puseram-se a patrocinar a Fifa e seus torneios, numa expansão formidável que incluiu as Copas do Mundo de futebol feminino e das categorias de base, degraus necessários para invadir os cinco continentes e ter a Copa do Mundo das seleções principais como a cereja do bolo, ou o diamante dos diamantes. Tudo gerenciado por uma empresa de marketing esportivo chamada ISL, de Horst Dassler, filho de Adolf, para intermediar o maior dos filões, as transmissões dos eventos Fifa pela TV. A Copa do Mundo tornou-se o objeto de desejo de países, suas empreiteiras e canais de televisão.

Havelange, com o falso discurso de que não tratava de política, só de futebol, passou a fazer a pior das políticas, aliando-se às ditaduras espalhadas pelo mundo e delas extraindo, como em 1978, na Argentina sob o regime autoritário do general Jorge Rafael Videla, lucros inimagináveis. Espertos, os chefões da Fifa a princípio ampliaram de dezesseis para 24 o número de participantes da Copa e, depois, para 32, ganhando assim, de modo definitivo, os votos da Ásia e da África, maiores colégios eleitorais — e diminuíram substancialmente o poderio europeu.

Mas em 2001, por gestão temerária, fraudes e corrupção desenfreada, a ISL faliu e se converteu em objeto de investigação da Justiça suíça, com um rombo de impressionantes 300 milhões de dólares. É nesse ponto que começa a derrocada de Havelange e seus parceiros.

O cartola, que comandou a Confederação Brasileira de Desportos (CBD) com mão de ferro entre 1956 e 1974, e dela saiu forçado pela ditadura do país logo que assumiu a Fifa, caiu em desgraça e se viu obrigado a renunciar ao posto simbólico de presidente de honra da transnacional mafiosa do futebol, bem como do Comitê Olímpico Internacional (COI). Sua saída da CBD deu-se por ter malversado os recursos públicos para fazer a Mini-Copa, em 1972, sob o pretexto de comemorar o Sesquicentenário da Independência. Consta que só não foi preso pelo regime militar porque era um brasileiro mundialmente conhecido que acabara de ganhar a eleição na Fifa. Diagnosticaram-se na época diferenças substanciais entre o dinheiro público investido para a realização do torneio e o efetivamente gasto, o que levou o governo Geisel a exigir o afastamento de Havelange da CBD, que foi trocado pelo almirante Heleno Nunes, então presidente da Arena no Rio de Janeiro.

Nem por isso Havelange deixou de influenciar o futebol, tanto que fez do seu então genro Ricardo Teixeira, em 1989, o presidente da Confederação Brasileira de Futebol (CBF), que substituiu a CBD a partir de 1979. Teixeira era um ilustre desconhecido no mundo do futebol, e caiu de paraquedas na CBF com um apetite pantagruélico por fortuna e poder. Reinou absoluto durante 23 anos, entre 1989 e 2012, e sobreviveu a duas CPIs no Congresso Nacional, uma chamada de CPI da CBF-Nike, na Câmara dos Deputados, outra no Senado Federal, a CPI do Futebol, embora tenha sido indiciado mais de uma dezena de vezes.

Contas em paraísos fiscais, empresas de fachada, patrimônio

incompatível com seus ganhos declarados, tudo isso foi devidamente revelado pela CPI no Senado, em relatório assinado pelo senador catarinense Geraldo Althoff. Althoff, que era suplente do senador Vilson Kleinübing, do PFL de Santa Catarina, assumiu a cadeira, em 1998, devido à morte do titular e foi designado como relator da CPI porque o PFL, repleto de representantes da chamada Bancada da Bola, confiava em poder manipulá-lo à vontade, até por sua inexperiência. A CPI, presidida pelo senador paranaense Álvaro Dias, então tucano, estava fadada a acabar em pizza. Só que Althoff, um médico de família em Tubarão, interior do seu estado, homem de princípios, levou a CPI a sério.

Já fazia uns meses que corria a CPI quando recebi um convite dele para almoçar no restaurante do Senado. Ele fazia questão que fôssemos vistos juntos em território minado. Durante o almoço, placidamente, me disse:

— Olhe, de vez em quando caía em minhas mãos artigos escritos por você ou eu te via na TV e dizia para minha mulher: "Esse jornalista é inteligente, corajoso, mas tem o grave defeito de achar que todo mundo no futebol não presta e não pode ser assim. Em todo lugar tem gente ruim e gente boa". Pois eu já estou aqui há um bom tempo em busca de alguém no futebol para usar como exemplo e não acho ninguém.

Olhei para ele e só me restou dizer:

— Bem-vindo ao clube, senador!

O escândalo da ISL também atingiu Ricardo Teixeira como ao ex-sogro, denunciados por terem amealhado 45,5 milhões de reais em subornos por negociações em direitos de transmissão, e o obrigou a se demitir tanto da CBF quanto do Comitê Organizador Local da Copa do Mundo de 2014, no Brasil, assim como do Comitê Executivo da Fifa. José Maria Marin, que acabaria em prisão domiciliar em Nova York e de tornozeleira eletrônica, o sucedeu. O FBI, ao conseguir que o empresário J. Hawilla, da Traffic, fizesse delação para não ser encarcerado — está em Miami sem poder sair de lá —, soube que Marin e Marco Polo del Nero exigiam receber o que era pago de propinas a Teixeira. Como o dinheiro passava por bancos nos Estados Unidos, a Justiça americana obteve a extradição de Marin.

Iniciou-se um interminável jogo de dominó que foi vencido pelo FBI. Uma a uma, sem poupar cartolas de nenhum continente, as pedras foram caindo e prisões começaram a acontecer, contemplando todas as idades e cargos, os mais altos, do futebol mundial. No Brasil, mais um presidente da CBF teve que abandonar o posto: Marco Polo del Nero, indiciado pelo FBI, pediu licença duas vezes do cargo, até voltar e nele permanecer, embora sem poder sair do país, com prisão decretada pela Justiça dos EUA, tal qual Teixeira.

A suspeitada Famiglia Fifa não precisava mais de subterfúgios: era mesmo uma quadrilha que irrigou os bolsos da cartolagem em detrimento da maior paixão universal. Os artistas da bola do futebol moderno, de Pelé a Messi, passando por tantos gênios como Cruyff e Maradona, cederam as manchetes para os meliantes das boladas, de Havelange a Blatter, passando por Marin e Del Nero, Leoz e Napout, e até por Michel Platini, protagonista tanto da bola quanto das boladas.

Será de bom-tom, num livro de memórias, não aborrecer demais o leitor com tema tão árido e desagradável, ainda que obrigatório. Em defesa do estômago do caro leitor, diga-se apenas que o FBI calcula que só os tricampeões brasileiros na Copa do Mundo das fraudes, Teixeira$Marin$Nero, desviaram 120 milhões de reais da CBF em direitos de transmissão e patrocínios.

As grandes multinacionais que patrocinam a Fifa já deram o basta e exigem nova governança e, enfim, transparência. Movimento semelhante, embora ainda tímido, começa a se dar no Brasil. Trata-se de salvar, mais que a Fifa ou a CBF, a credibilidade do jogo, do jogo de futebol. O Comitê Olímpico Internacional já passou por experiência análoga, depois que ficou provada a compra de votos para a escolha das Olimpíadas de Inverno de Salt Lake City, e, mal ou bem, depurou-se, até mesmo com a autoexclusão de Havelange.

Enquanto não houver uma mudança estrutural para se chegar ao poder no mundo do esporte, o problema permanecerá, porque está tudo contaminado, da designação dos presidentes de clubes até a dos presidentes das federações nacionais e internacionais. A estrutura é reacionária, corrompida e corruptora, avessa às mudanças e blindada, por exemplo, contra a participação eleitoral dos que fazem o espetáculo. A democratização dos processos eleitorais não é a panaceia para acabar com os malfeitos, mas é um passo importante para aumentar o número dos que fiscalizarão os procedimentos.

Por enquanto, no século XXI, o grande gol não foi marcado por nenhum centroavante, mas pela Justiça suíça, pela americana e, mais recentemente, também pela Justiça espanhola, que encarcerou o ex-presidente do Barcelona, e sócio de Ricardo Teixeira, Sandro Rosell. "Quem diria?", você pode perguntar. A Suíça, antigo paraíso das contas bancárias secretas, protegidas por números, e os Estados Unidos, a polícia do mundo? É verdade. Mas, como ensinou o líder reformista chinês Deng Xiaoping: "Não importa a cor do gato desde que cace o rato".

Vivemos um momento excepcional para fazer a limpeza do futebol e começar sobre novas bases. A bola está quicando na área, à espera de gols redentores. Estranhamente, não se vê entre as autoridades brasileiras o mesmo interesse e o mesmo empenho demonstrados fora daqui. E é estranho porque, se o país vibra ao ver empresários corruptores e políticos corrompidos terem de responder por seus atos, alguns presos, como ex-governadores, ex-ministros, ex-deputados e ex-senadores, do PT ao DEM, passando pelo PSDB e PMDB, vibraria ainda mais ao ver os mafiosos do esporte nessa situação.

Quando se sabe que as cotas de jogos da Seleção Brasileira foram surrupiadas pela dupla Rosell$Teixeira, como revelou o inquérito espanhol, em quase 50 milhões de reais, fica mais fácil entender o 7 a 1 e mais difícil entender o silêncio do Ministério Público Federal, da Polícia Federal e da Receita Federal. Como também se torna clara a cumplicidade dos cartolas de clubes que elegem e reelegem os presidentes da CBF.

Quantas vezes na vida me peguei escrevendo, em dias de grandes jogos, sobre a corrupção no futebol e me achei um chato ao imaginar o leitor perguntando se era hora de falar de temas tão desagradáveis em vez de tratar da emoção do gol. Eu mesmo respondia: alguém tem de fazer isso, porque a maioria falará do jogo.

Hoje, felizmente, como já disse, a solidão acabou, mas ainda falta muito para que eu possa realizar o sonho de só falar de futebol. Porque, se os meliantes estão identificados, se a opinião pública já não tem dúvida de que jamais se tratou de perseguição ou de problemas pessoais (e por que os teria com gente que mal conheço pessoalmente?), eles ainda estão impunes e riem de nossa cara, de nossa paixão pelo futebol. Mesmo na imprensa há um bando de oportunistas que destratam a profissão em nome de seus bolsos e do compadrio com a cartolagem, basta ver as biografias escritas sobre João Havelange, sem o menor pudor.

O artigo 217 da Constituição Federal de 1988, que Ulysses Guimarães chamou de Constituição Cidadã, consagra a autonomia das entidades dirigentes do esporte, o que serviu durante anos para fazer do esporte uma terra de ninguém. Mas pouco antes de se aposentar no STF, em 2012, o ministro Cezar Peluso, ao julgar uma Ação Direta de Inconstitucionalidade (Adin) sobre o Estatuto do Torcedor, movida pelo Partido Progressista em nome dos clubes de futebol, relatou que "a autonomia desportiva não é absoluta, devendo-se avaliar o limite entre liberdade de organização e independência administrativa, de um lado, e o respeito ao ordenamento jurídico pátrio, de outro. Deve-se harmonizar a autonomia desportiva com a fixação de normas gerais sobre desporto, pois não se pode confundir aquela com ausência anárquica de normas. As entidades desportivas e associações 'devem respeito integral às normas previstas na legislação. [...] Ao mesmo tempo em que são livres para decidir sobre questões *interna corporis* de suas organizações, não estão desobrigadas do cumprimento dos demais ditames constitucionais, bem como das diretrizes estabelecidas pelas legislações civil, tributária, trabalhista, penal e previdenciária'".

O voto de Cezar Peluso teve a unanimidade de seus pares no Supremo Tribunal Federal, embora até agora haja juízes de primeira instância que simplesmente desconhecem a decisão.

Em resumo: legislação há para pegar os cartolas. O que falta é coragem ou vontade.

17. A Copa do Mundo não é nossa

Acabada a Copa na África do Sul, o Brasil viveu nova eleição presidencial resolvida no segundo turno, dessa vez com a vitória da candidata indicada por Lula, a mineira Dilma Rousseff, brava combatente da ditadura, presa política no período e eleita com 56,05% dos votos, quase 56 milhões — 12 milhões a mais que o tucano José Serra.

A primeira presidenta do Brasil sofreria as consequências de não ser homem, ser de esquerda, pouco amiga da classe política, a qual suportava apenas e não adulava, e menos preparada para o cargo do que se supunha. Seu primeiro mandato ainda transcorreu relativamente bem, tanto que seria reeleita, embora com promessas que não poderia cumprir, estando o país já dividido, quando era de esperar que cedesse o lugar a quem fizera dela sua sucessora, o ex-presidente Lula. Deu no que deu. O PT já vinha manchado indelevelmente pelo mensalão; na frase curta do governador petista da Bahia, Jaques Wagner: "O PT se lambuzou".

Entre as heranças de Lula, Dilma teve de se ver às voltas com a Copa do Mundo e com a Olimpíada no Brasil. Prometeu a "Copa das Copas" e já não estava na Presidência quando aconteceu a abertura da Olimpíada, tendo sido substituída pelo seu vice, que a traiu com suas mãozinhas ligeiras.

A Copa de 2014 foi um sucesso para o mundo e um retumbante escândalo interno, com consequências que perdurarão por muitos anos. Sucesso para o mundo porque os estrangeiros vieram para cá, se divertiram a valer por um mês e foram embora, nos deixando com nossos problemas que não são problema deles. Elefantes brancos em Brasília, Natal, Manaus, Cuiabá. Estádios que geram preocupação também no Recife e em Fortaleza, para não falar do Maracanã subutilizado e do Pacaembu que sobrou em São Paulo por causa da Arena Corinthians, a qual ameaça a vida do clube, porque o que era para sair de graça em trocas de favores com a Odebrecht teve uma Operação Lava-Jato no meio do caminho.

Desde o dia em que foi oficializada a sede do Brasil, de resto uma escolha de cartas marcadas, sem disputa, preço que o suíço Joseph Blatter pagou para não ter Ricardo Teixeira como oposição em sua reeleição para a presidência da Fifa em 2006, fui crítico constante da Copa no país. Não porque achasse ser algo supérfluo ou imerecido. Nada disso. O país cinco vezes campeão mundial tinha todo o direito e a festa de uma Copa vale a pena. Mas, desde que fosse a Copa no Brasil do Brasil, não a Copa da Ásia no Brasil, nem a da Alemanha no Brasil.

Sabia que, com Ricardo Teixeira à frente, com sua filha Joana Havelange em alto cargo no comitê organizador, com todos os apaniguados e penduricalhos possíveis e imagináveis, a Copa seria uma festa de arromba, mas para os cofres públicos. E tanto foi que nem Teixeira nem Havelange puderam desfrutar dela, porque caíram em desgraça antes que começasse, obrigados a renunciar a seus cargos na Fifa, na CBF e no comitê organizador, órgão tão sério que seu principal executivo atendia por Baka, de "bacalhau", ex-goleiro de handebol.

As críticas eram rebatidas por gente como o ministro do Esporte, Aldo Rebelo, do PCdoB, um comunista que comunga na missa, que já foi chamado de Camarada do Agronegócio e que respondia aos críticos, em artigos de jornais e entrevistas, acusando-os de sofrer do famoso "complexo de vira-latas". Rebelo garantia utilização total dos estádios após a Copa, porque, dizia sem ter a menor ideia do que falava, eram equipamentos multiúso. E carregava a mala de Teixeira pra cá e pra lá, e levava pontapé nos fundilhos de outro malfeitor conhecido, o secretário-geral da Fifa, Jérôme Valcke.

No esforço por angariar simpatias da imprensa esportiva com a Copa, Dilma convidou para jantar no Palácio da Alvorada um pequeno grupo de jornalistas, em maio de 2014. Foi constrangedor verificar o quão desinformada sobre tudo que dizia respeito a esportes a presidenta estava, e mais constrangedor ainda foi ver Rebelo olhando para a mesa a cada vez que ela o fitava com ar de interrogação. É claro que a culpa da Copa no país não foi dele, apenas; digamos que se tratava de alguém que atuava como bobo da corte.

Fazer a Copa e a Olimpíada no Brasil era parte do projeto de ganhar um assento para a nação no Conselho de Segurança da ONU. Sem falar que ainda em 2014 ocorreriam eleições presidenciais e que não houve um estádio que não tenha custado, pelo menos, 50% mais do que o previsto, alguns mais que o dobro, como o de Brasília.

Antes da Copa do Mundo, porém, deu-se a Copa das Confederações, em 2013, o evento-teste. E foi um deus nos acuda. A violência da PM de São Paulo transformou um movimento de estudantes contra o aumento do preço das passagens de ônibus numa manifestação colossal pelo país afora. O gigante acordou e roncou nas ruas com tal intensidade que pareceu estarmos às portas de uma revolução.

Não era nada contra a Copa do Mundo, mas era também. Ou melhor, era, irônica e raivosamente, a favor do Padrão Fifa que o povo descobrira nos estádios recém-inaugurados para receber a Copa das Confederações. Ora, se era possível, com tanta rapidez, erguer monumentos como aqueles, tão belos e luxuosos, por que nossas escolas, hospitais e transportes públicos não seguiam o mesmo padrão? "Quando seu filho ficar doente, leve-o a um estádio", ou: "Queremos escolas e hospitais Padrão Fifa", ou ainda: "Ou a corrupção para, ou paramos o Brasil". Para Lula, a questão era outra. "Pão conquistado, o povo quer manteiga", definiu.

A Fifa teve de tirar seu logotipo dos carros que utilizava, esconder as bandeiras dos hotéis que hospedavam sua gente, e cogitou de suspender o torneio se o governo não garantisse a segurança de cartolas e convidados. Lembro o olhar apavorado do grupo de jornalistas estrangeiros que se dirigiam ao Castelão, em Fortaleza, no mesmo ônibus que eu, quando o veículo foi cercado por uns trezentos manifestantes, depois de ter feito um caminho todo monitorado para escapar das barreiras. Eu quis descer para falar com as pessoas, explicar que ali havia apenas jornalistas, mas a agente de segurança no interior do ônibus impediu, por acreditar que eu nem teria tempo de falar se a porta fosse aberta.

— Vão é lhe cobrir de porrada — disse com carregado sotaque nordestino.

Hoje, pensando bem, acho que ela estava certa.

A noite mais pessoalmente dramática foi aquela em que invadiram o Itamaraty e o Congresso Nacional. No Aeroporto de Fortaleza, eu esperava para embarcar rumo a Salvador, onde a Seleção enfrentaria a Itália. Vi nas telas de TV, sem som, toda aquela agitação e resolvi não embarcar: não dava para ficar desligado do mundo, por uma hora, dentro de um avião.

Imaginei quem seria o brasileiro que, àquela altura do campeonato, poderia entrar numa rede de TV e pedir calma à população. Dr. Ulysses estava morto; Ayrton Senna também; Pelé não tinha essa bola toda; Chico Buarque também não, depois de ter descoberto, nas redes antissociais, quanta gente não gostava mais dele por causa de sua posição política; Lula era alvo de parte dos protestos; Dilma idem; e d. Paulo Evaristo Arns estava doente, fora de combate. Para resumir, não havia nenhum brasileiro com tal poder, tamanha a crise de representatividade que nos assolava — e assola.

Foi então que alguém da Fifa me ligou e quis saber o que aconteceria caso o torneio fosse interrompido. Perguntei, sem responder, se era uma possibilidade e ouvi que sim, mas que eu seria prontamente desmentido se noticiasse. Imediatamente, tão logo desligado o telefone, divulguei a informação no blog e na CBN. A Fifa desmentiu, Blatter foi embora do Brasil com uma desculpa esfarrapada, e a Força Nacional tomou as ruas para garantir a segurança de todos.

A semifinal contra o Uruguai foi disputada em Belo Horizonte, para onde fui, mas não pude ver o jogo no Mineirão, e sim pela TV, num hospital, graças ao dr. Tostão. Na véspera, saímos para jantar, Tostão, os repórteres da *Folha* Martín Fernandez e Sérgio Rangel, e eu. Que não tinha dormido bem na noite anterior. De raiva.

Aconteceu de ter mandado para a *Folha* a coluna sobre os uruguaios, na qual transcrevia um texto de Ugo Giorgetti, publicado anos antes no *Estadão*. Na introdução explicava do que se tratava e abria aspas. Antes de dormir, como sempre ali pelas duas da madrugada, procurei a versão digitalizada do jornal e constatei que haviam sumido a introdução e as aspas. Perdi as estribeiras. Pensei em me demitir, em comunicar a direção da *Folha*, imaginei a catástrofe que seria uma acusação de plágio e escrevi para Giorgetti a fim de preveni-lo.

Ao acordar, cedo, vi que na edição impressa saíra tudo certo, o que minimizava o problema, mas o mal estava feito. Quando fui escovar os dentes, me senti grogue e esbarrei na parede. Tomei banho, o café da manhã, e me preparei para ir almoçar com Tostão, que me achou muito cansado. De fato, estava. Mas fui para o Mineirão, ver o treino da Seleção. Cochilei durante o treino e saí do estádio com meu amigo Bob Fernandes, meio que apoiado nele, porque outra vez tinha esbarrado numa parede. Segui para o hotel de táxi, onde esqueci o celular. Por sorte, o motorista logo percebeu e veio devolvê-lo.

Havia combinado jantar com os repórteres do jornal, que me deram a grata notícia de que Tostão iria também. Saudei o privilégio de almoçar e jantar com ele no mesmo dia. Mas não jantaria.

Enquanto o esperávamos na calçada em frente ao hotel, meu telefone tocou. Era Julio Grondona, o presidente da Associação de Futebol da Argentina, muito irritado porque eu o comparei a Ricardo Teixeira num artigo escrito para o jornal portenho *Olé*. Jamais conversáramos, estranhei que tivesse o meu número (mais tarde soube que o pedira a Jamil Chade, correspondente do *Estadão* na Suíça) e ainda brinquei com o cartola, dizendo que ele era tão amigo de Teixeira que parecia ingratidão não aceitar a comparação. Combinamos nos encontrar no Rio, mas Grondona, que usava um anel com a inscrição "Todo pasa", nunca mais atendeu uma ligação minha e, passado um ano e pouco, morreu. Se não, estaria preso.

Teixeira só não está porque não sai mais do Brasil, onde parece ter proteção eterna, exceto da imprensa. Depois de anos sendo alvejado por toda sorte de denúncias documentadas, ele caiu na esparrela de se enforcar com as próprias palavras. Sim, com suas aspas, porque num perfil escrito pela jornalista Daniela Pinheiro para a revista *piauí*, o cara cantou tanta vantagem, que fazia e acontecia, que só a Globo importava e que a Globo ele controlava, que na Copa iria decidir quem poderia estar e quem não poderia etc., que se deu mal. Na Globo, inclusive, que se sentiu obrigada a bater nele para mostrar que não era bem como ele achava.

Assim que li a reportagem, telefonei para parabenizar Daniela e ela estranhou:

— Agora é que não estou entendendo mais nada. O Ricardo também ligou para elogiar a matéria.

Em sua eterna certeza de impunidade, só depois Teixeira percebeu que havia assinado por extenso a sentença que o forçaria a se demitir da CBF. Gol de Daniela.

Tostão chegou, fomos para o restaurante e, quando eu ia passar manteiga no pão, a faca caiu de minha mão. Ele se levantou e não deu margem a negociação:

— Vamos já para o hospital.

Ao chegar ao Mater Dei, descobri que quase todos os plantonistas tinham sido alunos dele, e aí é que me ferrei de vez. Embora eu soubesse que estava apenas cansado, estressado e precisando dormir, me viraram do avesso e me puseram na UTI.

No dia seguinte, o dia do jogo, acordei cedo, ali pelas seis da matina, e quem vejo ao pé da cama? O dr. Tostão. Não querendo incomodar com telefonemas, tinha ido ao hospital para saber como eu estava. Tentei de todos os modos que me liberassem para ir ao Mineirão, mas o máximo que consegui foi uma TV.

Bloguei ainda na madrugada para tranquilizar, principalmente, minha família; escrevi a nota do boletim médico pedida pela assessoria de imprensa do hospital, na qual informava que estava fora do jogo contra o Uruguai mas que seria presença certa na final. Porque corria, irresponsavelmente, que eu havia sofrido um acidente vascular cerebral.

Só me liberaram no dia seguinte ao jogo, e desde que eu fosse para casa, em São Paulo. Jurei de pés juntos que iria. E fui —

para o Rio e para o Maracanã. Então, na finalíssima, a Seleção deu um baile na Espanha campeã mundial, 3 a 0 no placar, o Maracanã cantou que "o campeão voltou" e quase todos nós acreditamos, até o Felipão. Autoengano coletivo. Jamais uma seleção vencedora da Copa das Confederações ganhou a Copa do Mundo no ano seguinte, e o time espanhol estava velho, desgastado. Na Copa do Mundo não passou da fase de grupos, um vexame.

No dia do anúncio oficial de que a Copa do Mundo seria no Brasil, dia 30 de outubro de 2007, nossa comitiva em Zurique, sede da Fifa, na Suíça, tinha desde o presidente Lula até oito governadores de estado, entre eles o petista Jaques Wagner, da Bahia, os tucanos José Serra, de São Paulo, e Aécio Neves, de Minas, o peemedebista Sérgio Cabral, do Rio, e o socialista Eduardo Campos, de Pernambuco. Todos foram bajular Teixeira com o intuito de assegurar suas capitais como sedes dos jogos.

Tempos depois, num jantar oferecido por um amigo comum, José Luiz Portella, o responsável por dar à luz o Estatuto do Torcedor no governo FHC, pude dizer a Serra que ele deveria fazer valer o lema da cidade de São Paulo, "Não sou conduzido, conduzo", e avisar Teixeira que ou o Morumbi seria o estádio paulista na Copa ou São Paulo estaria fora, porque não fazia o menor sentido construir outro palco. Para minha decepção, Serra respondeu que, se São Paulo ficasse fora, no dia seguinte ao anúncio os editoriais da *Folha* e do *Estadão* arrasariam com ele. Naquela noite brinquei que nunca mais pensaria em ser governador, porque o dos paulistas tinha medo dos jornais.

A verdade é que o apoio à Copa foi quase unânime, tirante os chatos de plantão, entre os quais este que vos escreve. A outra verdade, que após o torneio serviu para todos se esbaldarem em críticas, é que não foi realizado nem um terço das melhorias prometidas às cidades-sede. Que há obras paradas até hoje e que nem o estádio da abertura está pronto, coisa que passou inteiramente despercebida na época. Porque, é claro, quem foi a Itaquera queria só ver futebol; ou xingar Dilma Rousseff, espetáculo deprimente de falta de educação da elite branca lá presente, que mandou TNC uma presidenta legitimamente eleita, e reeleita poucos meses depois, diante de chefes de Estado do mundo inteiro.

A Seleção ganhou da Croácia por 3 a 1 graças a um pênalti inexistente, e o primeiro gol da Copa foi marcado contra, pelo lateral esquerdo brasileiro Marcelo. Tinha mesmo de acabar em 7 a 1. O segundo jogo foi em Fortaleza, no Castelão, contra o México, 0 a 0. Naquela tarde reencontrei um jornalista do *New York Times* com quem estivera meses antes e a quem tinha contado todas as críticas que fazia na *Folha*, na ESPN Brasil, na CBN e no blog do UOL. Ao me ver, ele abriu os braços e disse, entusiasmado:

— Bendita hora em que se resolveu fazer uma Copa no Brasil. Não fosse por isso, eu não teria conhecido Manaus, não teria visto o estádio de futebol mais bonito do mundo, sem nenhum problema para chegar ou sair, nem teria conhecido as palafitas, com aquela gente pobre mas feliz.

Argumentei que o estádio para 40 mil pessoas era um exagero para um estado cujo campeonato local não recebia nem mil torcedores em média por jogo, que ele não teve problema de locomoção porque, além de terem sido antecipadas as férias escolares apesar dos problemas educacionais do país, foi decretado feriado no dia do jogo, e perguntei se ele trocaria Nova York por Manaus, tão bacanas achou as palafitas. O americano olhou bem para mim, coçou a cabeça e respondeu:

— O estádio vai ser inútil e foi decretado feriado? Problema de vocês, não meu.

Foi aí que caiu a ficha da diferença do olhar estrangeiro para o meu. Sim, o mundo adorou a Copa e o resto é problema nosso.

A Seleção esteve a um segundo de ser eliminada nas oitavas de final quando, na prorrogação, o Chile acertou o travessão brasileiro e o jogo terminou para ser decidido da marca do pênalti, que valeu a sobrevivência, com vitória do Brasil. Teria sido um vexame cair ali, no Mineirão, mas uma humilhação muito menor que a vivida no mesmo palco, na semifinal, contra os alemães. Os chilenos choram até hoje por aquela bola no travessão. E nós lastimaremos pelo resto da vida o fato de a bola não ter entrado.

Quando a Seleção voltou para Teresópolis, recebi uma ligação pedindo-me que fosse à Granja Comary, local da concentração, porque o técnico Felipão queria conversar. Ainda antes do começo da Copa, ele me procurara, sem encontrar, porque estava preocupado comigo.

É que eu tinha dado uma nota jocosa no blog contando que havia procurado e não tinha encontrado a plantação de cevada que a Brahma anunciava ter feito na Granja, para produzir uma tal cerveja especial da Copa do Mundo. Sem nenhum senso de humor, a Ambev, uma das maiores anunciantes do país, entrou com as quatro patas no assunto e exigiu um desmentido, pois garantia ser verdade que a cevada de sua cerveja tinha a origem informada.

O clima pesou. Tive de voltar ao tema, aí a sério, e desmontei a argumentação da empresa ao mostrar a foto do lugar onde fora plantada a cevada apenas para fazer o filme da campanha, evidentemente insuficiente para mais que um engradado de cerveja. Além disso, infelizmente para os apreciadores do precioso líquido, não é de hoje que não há cevada em nossa cerveja, e sim milho. A agência de propaganda autora da campanha também entrou na festa dos desmentidos, mas os cervejeiros da região, e a população local, depois de verem, na primeira página do jornal da cidade, a repercussão da polêmica, fizeram questão de me dar parabéns por acabar com a farsa.

Felipão, não me encontrando à tarde, telefonou à noite, para dizer que tinha, sim, a plantação, que ele, protagonista da campanha, tinha pegado com as próprias mãos, e que eu não deveria criar caso com "gente tão poderosa". Tranquilizei-o ao explicar exatamente o teor da nota, que ele, é claro, não havia lido, e que era batalha ganha.

A polêmica acabou no Conar, o Conselho Nacional de Autorregulamentação Publicitária, que até então eu considerava uma entidade séria e um bom exemplo para o temido, porque desonestamente tratado, conselho social de fiscalização da mídia, uma ideia que não sai do papel porque é acusada de censura. O Conar absolveu a Ambev com o argumento de que em nenhum momento a campanha dizia que 100% da tal cerveja especial era feita com cevada da Granja Comary. Pfiu!

Imaginei, ao ser chamado para encontrar com Felipão de novo, que ele ainda quisesse falar a respeito da questão, algum novo desdobramento, sei lá. Não era isso. O técnico convocara seis jornalistas para ouvi-los sobre o desempenho da Seleção. Transparentemente, diga-se, porque atrás do palco das entrevistas coletivas, mas apenas para essa meia dúzia com quem se dava melhor.

Minha primeira pergunta foi se o encontro era em off ou em on. Ele garantiu o on desde que sem aspas. Assim foi feito, conversamos coisa de uma hora e, ao sair, contamos o que fora dito. Carlos Eduardo Mansur, de *O Globo*; Osvaldo Pascoal, da Rádio Globo e Fox Sports; Luiz Antônio Prósperi, de *O Estado de S. Paulo*; Fernando Fernandes, da TV Bandeirantes; Paulo Vinícius Coelho, da *Folha de S.Paulo* e da ESPN Brasil; e eu fomos os escolhidos.

Felipão queria mais ouvir do que falar, mas falou que se arrependia de pelo menos uma das 23 convocações que fizera, o que pegou mal com os jogadores. Ficou a impressão de que o centroavante Hulk era o arrependimento. Chorão como sempre foi, o técnico reclamou que a Fifa não queria ver o Brasil campeão e reconheceu que a carga emocional estava pesada demais, principalmente para o capitão Thiago Silva e para a jovem estrela Neymar.

Ouviu que o time não tinha variação tática e parecia amedrontado. Tudo devidamente relatado no fim do encontro. Mesmo assim, a reação de parte dos coleguinhas, enciumados, foi terrível. Bateu um certo complexo de rejeição, e houve quem quisesse ver falta de ética na atitude dos seis. Ora, qual jornalista no mundo recusaria um convite desses?

— Deus quer falar com você.

— Ah, só vou se forem todos.

Ora bolas! Além do mais, na Copa da Alemanha, Carlos Alberto Parreira, o técnico de então, e presente à reunião na Granja como supervisor da Seleção, convidava os colunistas para conversar sem que houvesse nenhum problema.

Vou direto ao ponto, ao 7 a 1, apenas mencionando que na vitória sobre a Colômbia, nas quartas de final, Neymar foi alijado da Copa por uma joelhada nas costas. Daí para a frente aconteceu uma sucessão de erros que redundou na goleada histórica, tão acachapante que, em vez de virar drama como o Maracanazo de 1950, virou piada.

À vista de todos, Neymar foi posto numa maca no avião que levou a Seleção de volta para o Rio, em estado lamentável e sob suspeita de que poderia ficar tetraplégico. Depois inventaram uma campanha cretina, "Somos Todos Neymar", com máscaras do craque, o que só reforçava a ausência dele, em vez de fazerem uma campanha em torno de quem iria jogar. A insegurança era tanta que na antevéspera do jogo o telefone tocou e, de novo, era o Felipão.

— Tu achas que eu vou me defender ou atacar amanhã? — perguntou.

— Se te conheço, vais defender — respondi.

— Pois te enganas. Vou pra cima deles. Se perdermos, pelo menos vocês não vão poder dizer que me acovardei.

Diante disso, até então certo de que ele reforçaria o meio de campo e entraria com três volantes, quis saber se iria de Willian ou de Bernard.

— Está mais para Willian, mas pode ser que eu decida pelo Bernard, que terá o apoio da torcida do Galo.

Na véspera do jogo, dei como título da coluna na *Folha* a frase "Seleção no ataque", e dizia que Bernard tinha alguma chance de jogar, mas que Willian, pela parceria com Oscar no Chelsea, era o mais provável.

No fatídico 8 de julho, o menino da "alegria nas pernas", como Felipão se referia a Bernard, entrou como titular e sucumbiu miseravelmente, tal qual todo o time. Uma tristeza nas pernas, na cabeça e no coração. A sucessão de cinco gols em dezoito minutos, dos onze aos 29, não paralisou apenas a Seleção, mas, no que me diz respeito, também a mim. Via tão incrédulo tudo aquilo, que não sentia à medida que escrevia no blog e para a coluna o fechamento mais fácil de toda a Copa, só faltava o placar final da goleada.

No intervalo, em busca de uma garrafa d'água, encontrei a jornalista alemã Martina Farmbauer, que estava já havia tempos no Brasil e de quem ficara amigo em Teresópolis.

— O que está acontecendo? — ela perguntou.

— Não sei — respondi.

— Eu nem consigo estar feliz — ela disse.

— E eu não consigo estar triste — devolvi.

— Parece um jogo de adultos contra crianças — ela arrematou.

Era isso, homens contra meninos.

Antes do começo da Copa, quando se dizia que era obrigatório vencê-la, que seria uma vergonha perder pela segunda vez em casa, eu havia escrito que, nem se houvesse uma nova derrota para o Uruguai na final, no Maracanã, o baque seria como o de 1950. Porque, então, tratava-se da afirmação nacional, o futebol brasileiro nunca tinha sido campeão mundial. Em 2014, já eram cinco as Copas ganhas, o país era outro.

Tenho certeza de que a Argentina ficou mais triste ao perder, num jogo que poderia ter vencido, a decisão por 1 a 0, na prorrogação, da mesma Alemanha, do que o Brasil com a goleada vexaminosa. Fui dos poucos brasileiros a torcer pelos *hermanos* na final, não só porque gosto muito deles como, também, porque não sofri da "síndrome de Berlim", isto é, a que fez tantos de nós torcerem pelos nossos algozes.

É sempre bom lembrar que o Brasil, desde 1958, é sempre um dos favoritos para ganhar Copas do Mundo e que só o time brasileiro foi a todas as Copas. Eu, por exemplo, tinha certeza de que o Brasil seria campeão em 1982 e em 2014. Em 1982 pelo time extraordinário, e em 2014 pelo fato de o torneio ser em casa. Acreditava pouco em 1986, quase nada em 1990, me surpreendi muito agradavelmente em 1994 e em 2002, e muito tristemente em 1998. Não acreditava nem em 2006, nem em 2010.

Dilma Rousseff estava no Maracanã para entregar a taça aos alemães, quase escondida, perto de Marin, o cartola que, quando deputado, fez o elogio do delegado Sérgio Fleury, o mesmo que torturou o ex-marido de Dilma, o ex-deputado gaúcho Carlos Araújo, pai de sua filha, avô de seus dois netos.

Mais baixo-astral, impossível.

18. Santa Filomena

Quis o destino que eu começasse este 18º capítulo exatamente no dia em que fez dois anos que morri: 15 de maio de 2015.

Agora me ocorre que seria bonita, numerologicamente, a data final: Juca Kfouri (04/03/1950-15/05/2015). Mais heroico seria alguém contar que morri não apenas uma vez, mas duas.

"Choquei", como dizem os médicos, e tive de ser ressuscitado, duas vezes no espaço de seis horas, depois de cirurgia banal que degringolou por fatalidade numa brutal hemorragia. Aprendi na própria carne aquilo que os médicos gostam de repetir: nenhuma cirurgia é banal.

Se estou aqui a fazer troça do episódio, é porque a médica piauiense de nome Filomena Regina Barbosa Gomes Galas, assim mesmo, por extenso, a quem, por mais que eu não creia, chamo de Santa Filomena, responsável pela UTI do Hospital Sírio-Libanês, me salvou as duas vezes.

Quem viu a batalha conta que foi coisa de cinema. Fui virado de cabeça para baixo, massageado no coração, o diabo. Passo a palavra para Camila, minha filha:

Não me lembro bem de como o gato foi subindo no telhado. A cirurgia que não acabava nunca, os médicos que não atendiam mais o telefone. Só sei que de repente a gente sabia que ele tinha perdido muito sangue. Precisou tomar sangue? Sim, quatro bolsas. Nossa, quatro bolsas é muita bolsa. Perdeu muito sangue mesmo. É. Foi uma hemorragia brutal. Não virá pro quarto hoje como era previsto. Ah, não? Mas vai pra onde então? Para a UTI. Mas não agora. Agora ainda estamos tentando estancar o sangramento. Oi?

Sala de espera da UTI, então. Muitas horas ainda. Nó no estômago se tornando gigante. A médica, dra. Roberta maravilhosa, que merece a música que ganhou de Gilberto Gil, conta que no dia seguinte não irá mais ao casamento para o qual estava animadíssima horas antes. A dúvida era sobre se haveria um dia seguinte.

Quando a cirurgia acabou, sangramento estancado pela dra. Filomena (repare que o heroísmo da história ficou por conta das mulheres), para quem eu comporia uma canção caso tivesse essa habilidade, já era madrugada. Lembro de palavras e de frases soltas: "catástrofe", "gravíssimo", "entrou em choque", "se não fosse ela, ele não tinha aguentado", "perdeu quase todo o sangue do corpo", "fundamental estabilizar a pressão", "as próximas seis horas serão cruciais".

Eu não saio daqui sem ver meu pai. Entrei na UTI de mãos dadas com a Roberta. Ela me disse que tudo ia ficar bem. Vejo meu paizinho ali. Muito branco, muito inchado, muito entubado, mas ali. Faço carinho na testa e no cabelo, que ele gosta. Tudo vai ficar bem, ela me disse. De repente todos os apitos do mundo disparam. "A pressão, a pressão!" Olho no mostrador: 4 por 1 era a pressão. Os apitos gritando, um monte de gente entrando, meu pai acinzentando. "As pernas pra cima, põe as pernas pra cima." Eu pus a perna esquerda dele sobre meu ombro, falando alto e brava: "Vamo, pai! Vamo, pai! Luta, pai!". Dra. Roberta suspendendo a perna direita, aquele monte de gente para lá e para cá, "sobe a cabeça", "mais alto, as pernas", "Vamo, pai!". Injetaram adrenalina, fizeram mais uma porção de coisas que não sei o que era, massagem no peito, "mais forte, mais alto, mais forte, mais alto!", "VAMO, PAI!".

Não sei quanto tempo se passou assim. Sei que o ritmo dos apitos foi diminuindo e o cinza foi voltando a ser branco, muito branco.

Saí dali com a impressão de que eu era a única pessoa do nosso mundo íntimo a saber a real dimensão da luta que estava sendo travada.

Eram umas quatro da manhã. Dra. Roberta me mandou ir para casa "com Deus". Eu disse que o único deus que eu tinha, estava deixando ali nas mãos dela. Ela disse que ia ficar tudo bem.

É óbvio que, depois de tanto enrosco, meu restabelecimento não foi nada fácil, e os três dias de internação inicialmente imaginados viraram 25.

Pense em tudo que pode dar errado. Pois deu. Tive paralisia abdominal; fiquei quase 48 horas com uma sonda gástrica que faz doer a garganta sem parar e a cada vez que se engole a saliva; apareceu um trombo na virilha depois de eu sentir dor na perna direita, a ponto de não poder encostar o lençol, por uma semana; cheguei a pesar 105 quilos de tão inchado (meu peso normal era 83); e, passados doze dias do morre não morre, precisei ser submetido a mais um procedimento cirúrgico, enfiar um filtro no pulmão, para evitar uma embolia pulmonar, por causa do tal trombo.

Fui para a sala com a convicção de que, enfim, não haveria um terceiro salvamento, porque nada dava certo. Fazia dias que eu não tinha uma notícia boa, e me lembrava de meu pai vendo na tv os boletins médicos sobre Tancredo Neves e dizendo: "Vai morrer, só tem notícia ruim", embora houvesse um esforço danado para dourar a pílula. Não era o meu caso, é claro, porque não havia ninguém para dourar a pílula — só as notícias ruins.

Desci para a tal intervenção cantarolando as *Bachianas* n. 5 de Villa-Lobos, que quero ouvir quando estiver sendo cremado. Com uma imensa pena de minhas netas, para quem eu prometera estar no fim de semana em casa. De resto, paciência. Os filhos estão criados, a viúva sabe se virar, e tenho naturalidade para encarar o começo, o meio e o fim de tudo. A vida, afinal, tinha sido generosa comigo, ainda que eu perdesse mais que ganhasse.

Só que, como se vê, não morri. Ao voltar para o quarto, de madrugada, peguei o tablet para ver minha correspondência e encontrei a mensagem de um amigo que estava em Nova York, com a página do *New York Times* e do *Wall Street Journal* sobre a operação fbi-Fifa. Não tinha a menor condição de traduzir e nem mesmo de dar um "copia e cola", anêmico que estava, com a capacidade de compreensão prejudicada, sem força para alimentar o blog nem que fosse para mostrar que eu já sabia antes de dormir o que o Brasil saberia ao acordar.

Dois pensamentos me ocorriam: um de autoengano ("o que eu tinha a escrever sobre corrupção no futebol já escrevi") e outro sobre a ironia que seria o meu velório, onde os amigos lamentariam que eu não tivesse esperado, ao menos, mais 24 horas. Coincidência ou não, foi a primeira noite em doze dias que dormi bem, sem sequer acordar quando o café da manhã chegou — com aquela delicadeza que quem já passou uma noite no hospital, mesmo como acompanhante, conhece.

Por volta das oito e meia da manhã fui acordado por uma jovem médica, a cardiologista Roberta Saretta, falando baixinho no meu ouvido:

— Acorda, Juca, acorda. O Marin foi preso.

Resolvi não morrer mais.

Ainda enfrentei uns dez dias sofridos até ter alta à meia bomba, não sem antes receber uma visita inesperada. Sentado na poltrona depois de uma sessão de fisioterapia, ouvi uma voz inconfundível entrando pelo quarto. Era a voz de Lula. Ele tinha ido fazer exames no hospital, soube que eu estava internado e passou pelo quarto, para falar do Corinthians.

Demorei mais um pouco para ficar 100% e voltei devagar, num outro ritmo, com outras prioridades e menos estressado. As coisas vão acontecendo, nem sempre você presta atenção e, de repente, um solavanco ou bota tudo a perder ou serve de freio de arrumação. Dar uma simplificada na vida acabou sendo o caminho escolhido. Menos confusão, mais curtição, embora o país não ofereça as condições para desfrutar de coisa alguma, cada vez mais injusto, cada vez mais intolerante, cada vez mais burro.

No final de 2014 tivemos o segundo turno da eleição presidencial entre Dilma Rousseff, que prometia o que não poderia cumprir, como já dito aqui, e Aécio Neves, aquele que, se ouvisse o avô, saberia que, quando a esperteza é demasiada, acaba por comer o esperto. Também não sabe que apressado come cru ou queima a língua, porque comemorou a vitória e ficou com cara de tacho.

Já contei que conheci Aécio Neves quando ele dirigia a área de Loterias da Caixa Econômica Federal. Depois, quando presidia a Câmara dos Deputados, dissimuladamente e por ausência ele impediu a cassação do mandato de Eurico Miranda, presidente do Vasco. Como se isso não fosse suficiente, andava de braço dado com Ricardo Teixeira, e do estilo Fernando Collor bastou um na Presidência da República.

Dilma recebeu 3,4 milhões de votos a mais que seu oponente. Este nunca aceitou a derrota; pediu recontagem e fez o que podia e o que não podia para derrubá-la, o que acabou por acontecer, mas destruindo também a sua própria imagem.

Votei em Dilma, apesar de tudo, porque entre ela e ele não tive dúvida. Prefiro o Robin Hood ao Al Capone, embora a traição do PT seja indesculpável.

Incrível a ingenuidade e a arrogância de quem achou que ensinaria malfeitos a quem tem experiência nisso há mais de quinhentos anos. Deu no mensalão, deu no petrolão, deu numa cobertura seletiva, num massacre midiático, jurídico e parlamentar como nunca tínhamos vivido no Brasil.

O espetáculo dantesco de cinismo e hipocrisia quando a Câmara dos Deputados votou o impeachment foi dessas coisas de envergonhar a própria vergonha. Um bando de corruptos amaldiçoando a corrupção, como os conhecidos que cansei de ver nas manifestações de rua, gente que ou trabalhou para gângsteres ou enriqueceu contrabandeando bebidas, todos de camisa da CBF, muitos que eram comensais à mesa de Ricardo Teixeira, J. Hawilla etc.

J. Hawilla, por sinal, merece algumas linhas, porque se trata do grande corruptor não só no futebol brasileiro como na América do Sul. Hawilla era repórter de campo da Rádio Bandeirantes, em São Paulo; foi fartamente responsável pela saída de Roberto Rivellino do Corinthians, em 1974, pois fez uma campanha covarde contra ele quando o Palmeiras ganhou o título daquele ano; e trabalhou na TV Globo, onde descobriu o caminho das pedras para enriquecer sem escrúpulos. Um dia me disse o que eu ouvira também de Norberto Odebrecht:

— Eu preferia que as coisas fossem diferentes, mas jogo o jogo.

De Odebrecht ouvi a frase depois de termos feito, em *Playboy*, uma reportagem sobre as grandes empreiteiras brasileiras cuja ilustração, em página dupla, era um muro de ouro, lama e sangue. De Hawilla, no dia em que me visitou no escritório para dizer que não aguentava mais acordar antes dos filhos para pegar a *Folha de S.Paulo* e ver se não havia nada contra ele em minha coluna. Então, depois de jurar que não era sócio de Ricardo Teixeira, me convidou para ser sócio dele na Traffic. Desnecessário dizer qual foi minha resposta e que, gentilmente, dei a conversa por finda.

A intolerância no Brasil atingiu picos de insanidade, a ponto de alguns pit bulls sem noção abordarem Chico Buarque na saída de um restaurante, no Rio.

De madrugada, em frente ao prédio onde moro, também fui objeto da ira de quatro ignorantes políticos. Xingavam minha mãe, me chamavam de petista, e quase caíram para trás quando desci e os abordei. Estava tão indignado com a invasão e a barulheira, que não medi consequências. Comecei dizendo a um deles, mascarado, que não era petista nem muito menos FDP.

— Como você não é petista se é contra o impeachment? — perguntou o gênio.

— Você não entende porque é um ignorante político, seu Tico não fala com seu Teco. Sou contra o impeachment e não sou nem nunca fui petista — devolvi.

— Eu não sou ignorante político, até leio Gramsci e a *Carta-Capital* — treplicou o mastodonte.

Parei! Resolveram ir embora, tomei nota da placa, e no dia seguinte, já sabendo exatamente quem eram, anunciei que os processaria.

Tudo terminou em pizza, ou melhor, em selfie. O advogado deles, Roberto Podval, por sinal o mesmo do ex-ministro José Dirceu, me procurou e combinamos um encontro com os quatro em seu escritório. Passei-lhes uma carraspana e, como dois eram judeus, lhes disse que Auschwitz havia começado com atitudes como a deles. Podval, outro que não é petista, contou a eles que também era contra o impeachment.

Fizeram um pedido público de desculpas e, na saída, quiseram selfies.

Como não dava para justificar o impeachment pelos erros e impopularidade do governo, inventaram as tais pedaladas fiscais, ferindo mais uma vez a frágil democracia brasileira, como em 1964. Então, precisaram da força, do Exército, da tortura, dos assassinatos de opositores. Desta vez foi na maciota, aos poucos, respaldados por justiceiros, da primeira à última instância.

A gente olha para a Dinamarca e dá uma inveja...

19. Três Olimpíadas inesquecíveis

— A xota olímpica chegou! A xota olímpica chegou! — gritava esbaforido o produtor Sérgio Barros, da TV Globo, encarregado de avisar o pessoal, no centro de imprensa de Barcelona, sobre a entrada da tocha olímpica na cidade.

— Não confunda, não confunda. É tocha, tocha, TOCHA olímpica, Sérgio — divertia-se o comandante da operação, o inesquecível Hedyl Valle Jr.

Minha primeira Olimpíada de corpo presente, a de Barcelona, em 1992, estava começando, mas 48 horas antes achei que eu nem embarcaria. Foi também a primeira Olimpíada sem boicotes em muitos anos.

Com viagem marcada para a noite de sábado, à tarde comentei, do estúdio da Globo em São Paulo, o jogo entre Santos e América de São José do Rio Preto, na Vila Belmiro. Terminado o primeiro tempo com vantagem dos donos da casa por 2 a 0, o narrador perguntou se o torcedor santista tinha do que se queixar e eu respondi que não, "a não ser que ele queira reclamar do cartão amarelo do... do... do..., bem, você sabe de quem", e chamei o intervalo.

Ainda chiei com quem cuidava da coordenação da transmissão por não ter me ajudado preenchendo o branco que me dera. Ele se desculpou, disse que estava prestando atenção em outra coisa, e que iriam voltar comigo para eu completar a informação. Eis que volta e eu começo: "Bem, como você sabe, o nome do jogador que eu esqueci é o... é o... é o...", e mais uma vez me deu branco, com a diferença de que não tinha intervalo para chamar. Novamente o coordenador estava distraído.

Percebi meu rosto avermelhar, imaginei a cara de terror com que eu estava no ar e que era caso de demissão. Acabou a transmissão, ninguém falou nada, fui para casa, fiz a mala aguardando um telefonema que me dispensaria da viagem, mas embarquei sem mais.

Durante os dois primeiros dias na Catalunha não se tocou no assunto, embora tanto a chefia do jornalismo quanto a do esporte lá estivessem. Até que não aguentei e, num jantar com todos, perguntei se eles estavam de sacanagem comigo e não iriam mesmo comentar a gafe. Gafe?! Que gafe?! Tinha passado absolutamente despercebida, e eu estava fazendo tempestade em copo d'água. Então soube de um caso saborosíssimo, contado pelo repórter Ernesto Paglia.

Em 1990, ele fora designado para entrevistar por três minutos o novo governador de São Paulo, Luiz Antônio Fleury Filho, assim que o Ibope desse o resultado da pesquisa de boca de urna da eleição. Preparou-se como sempre e, ao chegar ao fim do terceiro minuto, recebeu ordem para continuar porque a audiência subia.

Ficou com Fleury no ar muito mais do que o tempo previsto ("Segue em frente, segue adiante, a audiência não para de subir", ouvia no ponto eletrônico), e já imaginava a cena ao voltar à redação e ser aclamado por sustentar uma entrada ao vivo por tanto tempo, quando o orientaram para encerrar.

Aí aconteceu o inesperado para o experimentado repórter que, tendo passado uma temporada em Londres, estava desacostumado não só a fazer entradas ao vivo como ao modo de encerrar as reportagens no Brasil. Apressado para terminar, olhou para a câmera e assinou:

— Ernesto Paulo para... Não! Ernesto Paglia, de São Paulo.

Paglia errara o próprio nome! Eu estava absolvido.

Apenas havia esquecido o nome do jogador Almir.

É mais ou menos unânime que jamais houve antes uma Olimpíada como a de Barcelona e que ainda não aconteceu nenhuma depois.

Como foi a minha primeira, só posso comparar com as outras duas que cobri mais tarde, em Londres, em 2012, e no Rio, em 2016, ambas também muito legais, mas a léguas dos Jogos catalães. Que festa!

Sabe o que é passar vinte dias num lugar e não ter nada de que se queixar? Do motorista de táxi ao garçom, do porteiro do hotel ao fiscal do estádio, Barcelona se preparou para receber o mundo com simpatia. E a esbanjou.

Para coroar, no último dia, uma emoção especial e inédita: o vôlei masculino brasileiro ganhou a primeira medalha de ouro olímpica nacional em esporte coletivo. A Seleção, invicta, arrasou a Holanda na final por 3 a 0, conquista que nem José Roberto Guimarães e seus jogadores imaginavam, porque com aquele time se planejava brilhar apenas em 1996.

O Brasil venceu seus oito jogos, com a perda de somente três sets para as ex-Repúblicas Soviéticas, Cuba e Estados Unidos. A final teve requintes de crueldade, massacrando-se a seleção laranja por 15 a 12, 15 a 8 e 15 a 5. Amauri, Carlão, Giovane, Marcelo

Negrão, Maurício, Pampa, Paulão e Tande entraram para a galeria dos heróis nacionais.

Nossa torcida cantava no ginásio do belíssimo Parc de Montjuïc (Parque do Monte dos Judeus, em catalão) um refrão tão contagiante que, ao ouvi-lo no jogo contra os Estados Unidos, o cineasta americano Spike Lee mudou de lado, pegou uma camisa amarela e se pôs a torcer pelo Brasil. "Ai ai ai ai ai ai ai ai ai, em cima, embaixo, puxa e vai ai ai ai", o refrão criado pela bem-humorada banda brasileira Massacration, embalou a conquista histórica.

Já era madrugada quando os medalhistas de ouro foram à redação da Globo para serem entrevistados no *Fantástico*. A cara dos operários que desmontavam o centro de imprensa, ao verem aqueles gigantes saindo da redação em fila indiana, seguidos por um bando de jornalistas brasileiros, todos já convenientemente calibrados, era impagável: "Ai ai ai ai ai ai ai ai ai, em cima, embaixo, puxa e vai ai ai ai".

Barcelona também recebeu o melhor time de basquete de todos os tempos, o Dream Team americano, de Michael Jordan, Magic Johnson e Larry Bird, que venceu todos os jogos desde o Pré-Olímpico até a medalha de ouro, catorze partidas, por mais de cem pontos e sofreu no máximo 87. Registre-se que quem teve a petulância de fazer 87 pontos foram os argentinos, no Pré-Olímpico. Como recompensa, sofreram 128,41 de diferença.

Quando o Dream Team enfrentou o Brasil (127 a 83), eu consegui entrar na quadra no fim do jogo e ficar frente a frente com Michael Jordan. A mesma aura que vi em Pelé e em Ayrton Senna circundava aquela massa de músculos articulados à perfeição, mais para pantera que para ser humano, olhar penetrante, assassino, saia da frente que Michael Jordan quer passar.

O mundo estava nas ruas de Barcelona, numa festa da Espanha moderna e democrática depois de quatro décadas de ditadura franquista. Comemorava-se a vida, não *la muerte*.

* * *

De Barcelona 1992 salto para Londres 2012.
Enfiei na cabeça ter chegado a hora de o futebol brasileiro ganhar o ouro, exatamente o que me faltava ver na carreira.
Londres é Londres, e nem precisa se fazer de simpática ou se preparar para receber o mundo. Melhor permanecer com seu ar permanente de indiferença. E de pujança, de orgulho, de beleza e dignidade.
Os londrinos fizeram uma bela Olimpíada. Correta, sem esbanjamento e ainda capaz de revitalizar uma área miserável e malcheirosa da região leste da cidade, onde plantaram como porta de entrada o maior shopping center da Europa, o Westfield Stratford City, servido pelo Javelin, um trem de alta velocidade, sem parada, que leva você do centro à cidade olímpica em sete minutos.
Se em Barcelona o Parc de Montjuïc concentrava a maioria das competições, em Londres havia atrações extras, como ir ver tênis no santuário de Wimbledon e futebol na catedral de Wembley, coisa que fiz gostosamente. Ser colunista e ter uma certa idade confere privilégios, e eu escrevia sobre o que me desse na telha.
Em Wimbledon vi o suíço Roger Federer vencer o argentino Juan Martín del Potro em mais de quatro horas de jogo: 3 a 6, 7 a 6 e 19 a 17. Lá estive para torcer por Federer, atrás também de seu primeiro ouro olímpico — que escaparia diante do escocês Andy Murray na finalíssima.
Quase passei a torcer por Del Potro, porque o que motivava a torcida londrina a amparar Federer nada tinha a ver com solidariedade continental ou admiração pelo extraordinário suíço. O que os motivava eram as ilhas Malvinas, que eles chamam de Falklands. Para arrematar, um radialista portenho entrava em alto e bom som a cada cinco minutos, relatando o andamento do jogo, o que causava profunda irritação nos torcedores.

Experimentei o famoso morango com chantilly de Wimbledon, achei bem chinfrim e só depois soube que o fornecedor na Olimpíada era outro, vagabundo. Não valeu.

Já em Wembley aconteceu enorme frustração: com dois gols de Peralta, o México ganhou do Brasil por 2 a 1 no futebol e a Seleção de Mano Menezes, com Thiago Silva, Marcelo, Neymar, Alexandre Pato e Huck, ficou com a prata, desastre iniciado aos 29 segundos de jogo, numa bobeada indescritível do lateral direito Rafael. Era o último domingo da Olimpíada e eu voltaria para o Brasil no dia seguinte.

Na chegada a Londres, precisei usar o sistema de saúde deles e fiquei impressionado com sua presteza, competência e seriedade. Só por isso entendi por que na festa de abertura houve uma homenagem ao sus local, na figura de uma enfermeira. Antes de ir embora, tive outra demonstração do que eles são capazes.

Desde o começo dos Jogos eu ia atrás, de trem, do futebol brasileiro. Fui a Cardiff, Newcastle e Manchester até o jogo final, em Londres, onde estava hospedado. Minha segunda opção era o vôlei feminino. Explico: José Roberto Guimarães, como Bernardinho, um dos melhores técnicos de esporte coletivo do mundo, é também, porque o ser humano é estranho, um poço de superstição. Ao me encontrar antes da estreia contra a Turquia, 3 a 2 em jogo duríssimo, ele fez questão de lembrar de vinte anos antes, em Barcelona, para dizer que minha presença outra vez numa Olimpíada fazia o ouro ficar mais perto. Prometi-lhe que veria todos os jogos, com exceção dos que coincidissem com os do futebol.

As meninas perderam as duas disputas seguintes, para Estados Unidos e Coreia do Sul, e estiveram muito próximas de ser eliminadas, o que nunca tinha acontecido com um time que fora campeão quatro anos antes — em Pequim, onde Zé Roberto se tornou o primeiro treinador campeão olímpico no masculino e no feminino. A derrota para a Coreia, por 3 a 0, passara a impressão de impotência, de desânimo, de prenúncio de vexame. Impotência das meninas e de Zé Roberto, desacorçoado, olhando para o chão. Jamais o vira daquele jeito.

Mas o time reagiu, venceu os dois jogos seguintes, num 3 a 2 maluco contra a China e outro 3 a 0, agora a favor, tranquilo, contra a Sérvia. A metamorfose, segundo o treinador, começou com um pedido de desculpas dele às jogadoras depois do massacre coreano. A Seleção estava classificada para as quartas de final, só que contra as invictas e favoritas russas. O vexame já fora afastado e o que viesse dali para a frente seria lucro.

O jogo foi uma loucura na quadra e no táxi. Explico: o futebol jogava em Manchester e no trem eu fui vendo o vôlei, até que cheguei à estação, tomei um táxi e não consegui mais pegar a BBC. As brasileiras tinham perdido o primeiro set por 26 a 24, vencido o segundo por 25 a 22, perdido o terceiro por 25 a 19, vencido o quarto por 25 a 22, e disputavam o quinto para saber quem iria às semifinais. Como você sabe, o quinto set vai só até 15. Mas aquele foi até 21.

No táxi, sem conseguir fazer o aplicativo olímpico da BBC funcionar, liguei para casa e pedi a minha mulher que fosse me contando o que acontecia na Earl's Court, um antigo centro de exposições, longe do centro, que os ingleses não tiveram vergonha de utilizar nos Jogos. Sim, porque, você sabe, diferentemente dos brasileiros, eles são pobres e precisam evitar gastanças. As nossas meninas estiveram a pique de perder seis vezes, e seis vezes salvaram o ponto final das russas para terminar vencendo-as por 21 a 19.

Eu exultava no táxi que chegava ao mitológico estádio do Manchester United, o Old Trafford, chamado de Teatro dos Sonhos. O motorista não entendia nada, nem eu fiz questão alguma de explicar. Quem não entendeu nada também foram as japonesas, arrasadas na semifinal por 3 a 0, quando fizeram no máximo dezoito pontos.

Prata assegurada, era a vez de pegar as americanas. Tive de dizer a Zé Roberto que iria para Wembley.

— Pombas, lá já está ganho — disse ele, matreiro.

O jogo do futebol estava marcado para as 15h, e o do vôlei para 18h30. Sem prorrogação, no máximo às 17h30 eu poderia tentar sair de Wembley e ir para Earl's Court, coisa de catorze quilômetros de distância, depois da entrevista coletiva de Mano Menezes, na vitória ou na derrota. O trajeto exigia sair do estádio e ir até o centro, onde ônibus saíam a cada trinta minutos para as diversas sedes.

Quando cheguei ao centro, cadê ônibus para o jogo? Nunca tinha acontecido nenhum problema e estava acontecendo exatamente quando o tempo era curto. Dirigi-me ao voluntário que comandava a operação e quis saber o que estava acontecendo. Ele me respondeu com toda a educação do mundo que o jogo em Earl's Court já havia começado e que não fazia sentido ainda ter ônibus para lá.

Ao me ouvir dizer que um jogo de vôlei pode ter até cinco sets e demorar horas, ele concordou e me pediu que esperasse, pois providenciaria minha ida. Imaginei que chamaria um táxi ou mandaria um carro dos Jogos me levar, mas não. Chamou um ônibus e lá fomos nós, o motorista e eu, até Earl's Court, passando pelo Palácio de Buckingham.

Só que as meninas acabavam de perder o primeiro set por 25 a 11 (!), um capote, e dei ao diabo o compromisso com Zé Roberto. "Hoje é dia só de perder", pensei, e quase pedi para o motorista voltar. Mas, quando entrei na quadra, o Brasil acabara de passar na frente no segundo set e tinha jogo!

Tinha jogo e não tinha mais tablet, porque o meu se espatifou no chão assim que olhei, entusiasmado, o placar. Tanto tinha jogo que as meninas ganharam por 3 a 1, parciais de 25 a 17, 25 a 20 e 25 a 17. Tanto não tinha mais tablet que, ao cumprimentar

Zé Roberto, disse a ele que me devia um. O tablet funciona até hoje, bastou trocar a tela. Éramos bicampeões olímpicos no vôlei feminino e o futebol que se danasse.

Na festa de encerramento, que assisti no hotel, quando Marisa Monte apareceu na parte final, a destinada ao país da Olimpíada seguinte, como Iemanjá, cantando as *Bachianas* n. 5 de Villa-Lobos, desmontei em grande estilo, qual criança.

Quatro anos depois, minha alma cantava enquanto eu via o Rio de Janeiro, Cristo Redentor, braços abertos sobre a Guanabara. Pena que não se possa mais andar pela pista do Santos Dumont para sentir o perfume e o calor do Rio.

Dei sorte e fiquei num hotel no Leblon durante as duas semanas de Jogos. Dei azar e tive de ir atrás do futebol de novo, sempre de avião, para Brasília, Salvador, São Paulo e, finalmente, Rio, Maracanã. O "dei azar" aí é só melodrama, porque, de novo, escolha minha ir atrás do futebol.

Tanto a semifinal contra Honduras (6 a 0) como a final contra a Alemanha foram no Maracanã. Alemanha de novo na final por ironia, mas dessa vez com sucesso, porque o ouro olímpico veio sofrido, nos pênaltis, depois de 1 a 1 no tempo normal e na prorrogação, mas veio, gol de Neymar de falta no primeiro tempo e pênalti decisivo batido por Neymar, 5 a 4, porque o goleiro Weverton defendera um. Pronto, acabou, não falta ver mais nada no futebol, talvez a Ponte Preta campeã, mas aí já é querer demais.

Só que os pontos altos da Rio 16 não passaram pelo futebol. A começar do fato de que a realização de uma Olimpíada no Brasil foi um absurdo. País que nem sequer tem uma política esportiva, que não faz a menor ideia do que quer ser quando crescer em matéria de esporte, jamais poderia sediar os Jogos, a não ser para enriquecer os de sempre, políticos, empreiteiros e publicitários.

Se fazia sentido receber a Copa do Mundo, receber a Olimpíada não fez. Ainda mais que a mesmíssima gente havia organizado o Pan-Americano no Rio em 2007 e arrombado os cofres públicos, gastando dez vezes mais do que tinha se comprometido a gastar, de 400 milhões de reais a 4 bilhões. Sem um benefício sequer ao Rio ou ao esporte nacional.

Carlos Nuzman, presidente do Comitê Olímpico do Brasil (COB), sempre considerou João Havelange como modelo, disputou o amor dele com Ricardo Teixeira e, aparentemente, se deu melhor, porque ainda não teve maiores complicações na Justiça. Nuzman inventou o vôlei no Brasil e desinventou todos os demais esportes olímpicos. Fominha, acumulou o cargo no COB com o de presidente do comitê organizador da Olimpíada, algo inédito na tradição mais que centenária dos Jogos Olímpicos da era moderna. Em Londres, por exemplo, o presidente do comitê olímpico nacional era um e o do comitê organizador outro — Sir Sebastian Coe, o maior atleta da história inglesa. Nuzman, além de não ter passado de um medíocre jogador de vôlei, tem a garganta maior que o Túnel Rebouças.

Esporte, no Brasil, deveria, antes de mais nada, ser visto como fator de prevenção de doença. Nosso Ministério da Saúde é, na verdade, o ministério da enfermidade, que vive atrás de mais médicos, mais leitos, mais hospitais, dengue, febre amarela etc. Estudo antigo da Organização Mundial da Saúde revela que a cada dólar investido em democratização do acesso à prática esportiva, numa palavra, massificação, poupam-se três em saúde pública.

Nada disso interessou ao governo de Lula, que, em português, discursou depois de Barack Obama em Copenhague e trouxe a Olimpíada para o Brasil. Não passou despercebido que, tão logo o Rio foi anunciado, João Havelange levantou-se e abraçou Jean-Marie Weber, conhecido internacionalmente no meio como o Homem da Mala, ex-alto executivo da falida e corrupta ISL, que dominou por anos a fio o marketing esportivo mundo afora. Uma vitória indiscutível de Lula acabou como tiro no pé, e não foi por falta de aviso.

Sim, o mundo também adorou a Olimpíada, apesar de não entender o que aquele presidente com cara de Amigo da Onça fazia escondidinho na tribuna de honra para não ser vaiado.

— Mas vocês não têm uma mulher na Presidência? — indagavam os jornalistas estrangeiros.

— Tínhamos, tínhamos — eu respondia.

— O que ela fez de tão grave?

— Nada que os outros não tenham feito, o que não a exime, mas, sabe, ela é mulher, de um partido dos trabalhadores, ficou impopular, o capital parou de ganhar tudo que vinha ganhando, veio o golpe, suavemente.

Tínhamos uma Olimpíada para fazer e desfrutar.

Entre mortos e feridos salvaram-se todos, mas, bem entendido, qualquer comparação com Londres seria covardia. Se fosse proposital, fazer a Olimpíada do Brasil no Brasil, com nossas precariedades, tudo bem. Mas a ideia era ser melhor que Londres. Encontre um jornalista estrangeiro que diga isso e você ganha a medalha de ouro da coisa rara.

Verdade que a festa de abertura foi magnífica e comovente, tirante um "esquenta" meio forçado com Regina Casé. A de encerramento foi outra maravilha, porque a música brasileira é a música brasileira. Melhor: a cerimônia do desfecho veio embalada pelo ouro do vôlei masculino, realmente inesperado, então conquistado mais na força que na arte, para fazer justiça a Bernardinho e seus comandados, derrotados na final em Londres, num jogo que estava ganho contra a Rússia.

O Brasil perdera dois dos cinco jogos na fase classificatória, para Estados Unidos e Itália. Nas quartas, a Argentina ficou pelo caminho, por 3 a 1. Mas nas semifinais a Rússia nos esperava de novo, e dessa vez não teve surpresa: cada cravada brasileira parecia abrir uma cratera no chão do Maracanãzinho e o 3 a 0 veio sem maiores dramas, 25 a 21, 25 a 20 e 25 a 17. Um show!

Domingo, pela hora do almoço, a convidada para o banquete final era a simpática Itália, que tinha nos vencido por 3 a 1 na primeira fase. Era preciso ganhar e naquele dia nada impediria a vitória. Com atuação que beirou a perfeição, em jogo duríssimo, outro 3 a 0, 25 a 22, 28 a 26 e 26 a 24. Quando a Seleção bloqueou o último ataque italiano, o ginásio quase desabou, e estava pronto o clima para a festa, mesmo debaixo de um vendaval. Sim, um vendaval que ameaçava levar tudo pelos ares, talvez o castigo do céu que o Brasil merecia.

Saí para tentar comer qualquer coisa nos bares em volta do Maracanã e vi a jornalista Dorrit Harazim em meio à ventania, também em busca de alguma comida. Ela estava de capa e guarda-chuva, frágil, diante da tempestade. Se Marisa Monte me emocionou em Londres, era a vez de outra grande mulher me comover.

Dorrit é um exemplo de excelência e caráter para todos os jornalistas do mundo. Nascida na Croácia, em 1943, trabalhou na revista semanal francesa *L'Express* e em quase todos os cargos possíveis na *Veja*; foi uma das fundadoras da revista *piauí*; é documentarista de mão-cheia; e escreve aos domingos para *O Globo*, normalmente sobre temas da política internacional.

Ao vê-la, fiz questão de escoltá-la até uma padaria acolhedora onde ela pediu uma média e dois sanduíches de queijo branco, um deles para viagem, certamente para comê-lo antes da cerimônia de encerramento. Estar com aquele monumento do jornalismo numa situação tão prosaica não teve preço. Aproveitei para saber o que ela havia achado da décima Olimpíada que cobria. Dorrit gostou. Sem comparações, em minha terceira, também gostei, e muito. Terceira e, diga-se, provavelmente derradeira, porque, como expliquei, ao Japão, de avião, em 2020 não irei.

Já em 2024, em Paris, precisarei estar no mesmo pique de Dorrit no Rio. O que, cá entre nós, será quase impossível.

20. Sócrates, um capítulo à parte

Jornalistas devem guardar distância do objeto de seu trabalho, diz o beabá da profissão.

Nem sempre é viável, às vezes, e não poucas, é impossível.

Nunca tive dificuldade em perder fontes para não perder a notícia, nem em ficar longe de quem estive perto. Talvez até tenha agido assim com mais frequência do que o recomendável, por ser incapaz de conviver com os que mentem, embora aceite a omissão.

Ricardo Teixeira, por exemplo, a quem fui apresentado, antes da Copa de 1990, por Maurício Antunes, diretor da Globo, que havia sido colega dele na escola, até antecipar lista de convocação da Seleção Brasileira antecipou para mim, então diretor da *Placar* e comentarista do *Jornal da Globo*.

Logo depois da Copa, no entanto, o critiquei duramente, ao perceber que ele não cumpriria nenhuma das promessas feitas para modernizar e democratizar a superestrutura do futebol brasileiro, ao contrário, apenas reforçava os vícios deixados pelo sogro, João Havelange. Nunca mais nos falamos, a não ser nos tribunais, porque comecei a revelar seus malfeitos, o que rendeu mais de cinquenta processos dele contra mim, além de outros tantos da CBF.

Se há algo de que me orgulho, embora seja uma chateação inominável, é de não ter errado com ninguém que tenha me acionado na Justiça, ou que eu tenha, por retorsão, processado. De cima para baixo, estou me referindo a Joseph Blatter, Ricardo Teixeira, José Maria Marin, Carlos Arthur Nuzman, Eduardo José Farah, Eurico Miranda, Agnelo Queiroz, e muitos outros menos votados, entre os quais, mais recentemente, Jair Bolsonaro. Como já dito, até do Rei Pelé me afastei quando uma questão de princípios acabou por ser gravemente ferida.

Com o dr. Sócrates Brasileiro Sampaio de Souza Vieira de Oliveira foi diferente. Nos conhecemos quando a *Placar* fez com ele uma edição especial em 1979. O Rio tinha em Zico o ídolo do Flamengo e São Paulo começava a ter o seu em Sócrates, no Corinthians, de novo campeão estadual naquele ano ao consagrar a dupla admirável feita entre ele e Palhinha.

O primeiro encontro aconteceu na concentração da Seleção Brasileira no Hotel Rancho Silvestre, em Embu, a meia hora da capital paulista. Lá estava ele, alto, magro e feio, além de aparentemente tímido, ainda alienado, tanto que deu nota alta ao ditador de plantão, o general João Figueiredo, num pingue-pongue em forma de entrevista.

Dias depois fui, com meus dois meninos, André e Daniel, ao apartamento dele buscar umas fotos de sua infância. André, então com seis anos, não acreditou quando o viu abrir a porta, e tratou de não tirar os olhos de cima dele no curto período que lá ficamos. Daniel, com quatro anos, não deu a menor pelota. Por chamá-lo o mais das vezes de Doutor, só ao me despedir disse seu nome, já na porta do elevador. Daniel olhou para ele, olhou para mim e, numa óbvia lamentação, exclamou, perguntando:

— Mas era o "Sócritas", pai?!

O Magro deu uma gargalhada carinhosa e, não sei se foi por isso ou não, daí por diante nossa relação se estreitou, e transcendeu não só as quatro linhas do gramado como os limites de uma ligação meramente profissional. Dessa proximidade me aproveitei, e muito, diga-se a bem da verdade.

Ele jamais negou nenhum pedido meu. Posou para capa da *Placar* como *O pensador* de Rodin, e até como d. Pedro i, na campanha das Diretas Já, com a chamada "Se o Brasil mudar, eu fico", reiterando a promessa, feita no comício no Vale do Anhangabaú, em São Paulo, diante de mais de 1 milhão de pessoas, de não ir jogar na Europa caso a eleição direta para a Presidência da República fosse aprovada. Diversas vezes fiz com o Doutor o que deveria ser a primeira parte de uma entrevista maior e não aguentei esperar, publicando o que já tinha ouvido. Ele se divertia.

Sócrates e sua mulher, Regina, também tinham dois filhos cuja idade regulava com a dos meus, uma coisa puxa a outra, as famílias se aproximaram a ponto de passarmos férias juntos em Ribeirão Preto, onde me afeiçoei a seu pai, Raimundo, já falecido, e a dona Guió, sua mãe, duas belas figuras.

Então, conheci também Raí, o Pivete, além de Sóstenes, o Tenês, dois de seus irmãos, o primeiro que prescinde de apresentação, o segundo o cara que toca a Fundação Gol de Letra. Mais tarde vim a conhecer ainda Raimar, outro irmão esportista mas no basquete, e o médico Raimundo Filho, de personalidade solidária, com quem estive no hospital nos últimos dias do Magrão.

Dos irmãos, apenas Sófocles me escapou, e dos seis filhos (de três mães diferentes) tenho Gustavo, o segundo, na conta de sobrinho, a tal ponto que ele me atrapalhou a vida quando foi trabalhar no São Paulo, porque seria considerado, erroneamente, diga-se, a fonte de qualquer notícia de bastidor que eu desse do Morumbi.

Nunca fui de beber muito, fiquei bêbado uma vez na vida,

aos quinze anos, quando experimentei a tal da cuba-libre — mistura de rum com Coca-Cola — e vomitei tanto que prometi nunca mais passar por situação tão desagradável. Cumpri. Tomava cerveja com o Doutor só para fazer companhia, eu parava e ele seguia, sempre sóbrio porque curtido, fígado apenas para constar.

Quando parou de jogar e me ensinou que "não é o jogador que para com o futebol mas o futebol que para com o jogador" — coisa que percebeu ao jogar pelo Santos e ter a bola roubada duas vezes entre recebê-la e pensar o que faria com ela —, resolvemos escrever sua biografia a quatro mãos.

A ideia, da cabeça dele, era que, a cada capítulo que eu escrevesse, ele escreveria o seguinte, com a opinião sobre o que eu redigira. Gravamos dezenas de horas, tenho as fitas guardadas, mas, como a cada dia Sócrates, metamorfose ambulante, inventava uma coisa diferente, uma hora eu disse que desistia, que outra pessoa escreveria a biografia depois que ele morresse. Quatro anos mais velho, eu supunha que a tarefa não caberia a mim. Lá se vão cinco anos de sua morte e estou eu aqui, a lembrar das coisas. "Por que, então, não escreveu?", você pode estar perguntando.

Eu tinha o título e a abertura prontos. "Sócrates, o original" era o título, para brincar com o filósofo e por considerar que, se o Doutor não foi o melhor jogador da história corintiana (Rivellino era superior), foi o mais original, quiçá do futebol brasileiro, embora Mané Garrincha seja outro candidatíssimo.

Na abertura contaria um episódio que ele um dia me contou, acontecido no vestiário do Botafogo de Ribeirão Preto, depois de seu primeiro treino no time principal, aos dezessete anos. Banho tomado, o técnico da base do Botinha, Nato, se aproximou e perguntou o que ele fazia além de jogar futebol. Ao saber que Sócrates começava a cursar a Faculdade de Medicina, lamentou:

— Que pena. Se você fosse pobre, ia virar um dos melhores jogadores do mundo.

Mais Neném Prancha, o mitológico técnico de futebol que uma vez disse que "o jogador tem de correr atrás da bola como se fosse um prato de comida", impossível. Nato, que hoje mora no Mato Grosso, confirmou a história, mas fez questão de esclarecer:
— Eu falei aquilo com todo o respeito. A ele e aos pobres.

Enfim, não escrevi e não vou escrever a biografia por um motivo simples. Muito do que sei dele, soube não como jornalista, mas como seu amigo. Se contasse, trairia o amigo, algo impensável. Se não contasse, trairia o leitor, algo igualmente inimaginável. Preferi arquivar a ideia e, quando soube que Xico Sá cogitou em escrever a biografia, passei-lhe a transcrição de minhas fitas. Tempos depois, Xico devolveu a minha transcrição somada à dele, desistindo também, por razões idênticas.

Felizmente, mais tarde surgiu o sério jornalista escocês Andrew Downie, que publicou, em março de 2017, após dois anos de pesquisas, dezenas de entrevistas, da família aos amigos e desafetos, longas passagens por Ribeirão Preto e Florença, onde Sócrates atuou pela Fiorentina, *Doctor Socrates: Footballer, Philosopher, Legend*, ainda não traduzido para o português mas, certamente, uma biografia à altura do biografado, com o perdão do chavão.

O Magro sempre foi uma pessoa especial, capaz de não medir consequências ao batizar um filho com o nome de Fidel ou de, segundo ele mesmo, só conseguir viver se apaixonado. Não foi um homem do século XXI nem do XX; talvez do XIX, quando faria par aos românticos portugueses. Não conheci ninguém tão imediatista como ele, alguém tão obcecado por viver o momento, *carpe diem*. E tão desapegado.

Na última vez que conversamos, no domingo anterior ao de sua morte, senti que ele havia desistido. Perguntei se tinha ligado o "foda-se" e lhe disse que seus olhos não acompanhavam mais o seu sorriso. Sócrates se limitou a abrir os braços, apontar para si próprio e para o entorno, como se dissesse que viver cheio de limitações ou não viver daria no mesmo.

Faz uma tremenda falta.

21. Collor, FHC, Lula, Dilma e eu

Jornalista conhecer presidentes da República é coisa absolutamente comum.

Fernando Collor e Dilma Rousseff, conheci por causa do ofício. FHC não, e Lula, apenas de certa forma. Explicarei.

Conheci Collor quando trabalhava na Globo, em 1990. Fui ao Palácio do Planalto entrevistá-lo às vésperas de ele assinar a Lei Zico, que antecedeu a Lei Pelé. A Lei Zico ensaiava a modernização das relações entre clubes e jogadores, porém mais induzia que obrigava. A Lei Pelé, não. Determinou explicitamente, por exemplo, o fim do passe, vínculo que prendia o atleta ao clube mesmo depois do fim de seu contrato.

O primeiro encontro com Fernando Collor foi impressionante, pela liturgia imposta por ele. Aguardava-o na sala onde concederia a entrevista, e quase caí para trás quando a porta se abriu, entrou um soldado todo paramentado com uma lança na mão e a bateu três vezes no chão para anunciar solenemente a chegada do presidente. Pareceu um ato intimidatório, mas era apenas, imagino, exigência formal de Sua Excelência. Collor foi afável, respondeu cinco perguntas como estava combinado e elogiou Zico, seu secretário de Esportes.

Voltei a vê-lo pela segunda, e última, vez no dia da estreia da Seleção na Copa da Itália, com vitória por 2 a 1 sobre a Suécia, sem jogar bem. Ao perceber que o presidente saía da tribuna do Estádio delle Alpi, em Turim, fui atrás, com um bando de jornalistas brasileiros. Em meio a microfones e gravadores, quando ele cruzou o olhar com o meu, perguntei que nota dava à atuação do time. Collor não respondeu, e seguiu respondendo a outros repórteres.

Perguntei mais duas vezes, sem obter resposta, até que ele fez menção de entrar no carro onde já estava a primeira-dama, Rosane Collor. Collor olhou fixamente para mim, fez um gesto para que me aproximasse e disse em tom baixo, para que só eu ouvisse:

— Dez!

Escrevi que o presidente era pouco exigente em matéria de futebol.

Com Fernando Henrique Cardoso estive não sei quantas vezes, e muito antes de ele ser presidente.

Fui aluno de Antropologia da professora Ruth Cardoso, sua mulher. FHC já havia sido expulso da Faculdade de Filosofia, Ciências e Letras pela ditadura, quando indicou a um grupo de estudantes da escola, do qual eu fazia parte, que procurássemos José Arthur Giannotti a fim de o filósofo nos orientar sobre um seminário que queríamos fazer a respeito de *O capital*, de Karl Marx.

Cerca de quinze anos depois voltei a ter contato com ele, na ocasião em que fundamos um Comitê de Esportistas para apoiá-

-lo na campanha, derrotada, para a prefeitura de São Paulo, em 1985. No ano seguinte, como também já contei, participei de sua campanha para o Senado, esta bem-sucedida.

Ajudei ainda em sua primeira campanha para a Presidência da República, em novo Comitê de Esportistas, e dessa vez fizemos um grande ato no Clube Pinheiros, com significativo apoio de atletas, no qual ocorreu um episódio hilariante.

Ao perceber para onde o vento se encaminhava, e para constrangimento dos organizadores do evento, eis que Ricardo Teixeira apareceu no clube sem ser convidado. Eu estava com o candidato no carro, indo para o Pinheiros, quando uma de suas assessoras telefonou para saber como devia agir com o cartola; ele passou a pergunta para mim. Sugeri que o escondessem bem escondido, até porque o discurso que eu escrevera para FHC fazer o denunciava como deletério ao futebol brasileiro.

Quando chegamos ao clube, Teixeira estava a uma mesa atrás de uma coluna do salão lotado; sozinho e vermelho, não sei se de vergonha ou de raiva, talvez dos dois. Não pude ver sua reação ao ser citado, nem como saiu do evento, certamente com o rabo entre as pernas.

Depois houve o caso, já relatado, da escolha de Pelé para o ministério de FHC.

Por ocasião do segundo ano do Plano Real, entrevistei o presidente, no Palácio do Planalto, ao vivo, para meu programa na CNT. Uma noite particularmente inesquecível, menos pela entrevista em si, mais pelas circunstâncias.

Ao chegar à capital federal, recebi a notícia de que minha mãe acabava de ser hospitalizada mais uma vez, vítima de um infarto. Estava programado que eu retornaria só no dia seguinte, mas consegui lugar no último voo de volta, que era chamado, se não me engano, de Corujão. Soube depois, no velório dela, que, ao ser informada de que iria para a UTI, exigiu um aparelho de

TV. O médico lhe disse que não podia, e ela insistiu que precisava ver meu programa.

— O programa dele tem todos os dias, amanhã a senhora vê — o doutor ponderou.

— Seu filho já entrevistou o presidente da República? — ela insistiu. — Pois o meu vai entrevistar hoje, e só hoje, e eu vou ver, ou no quarto ou na UTI.

A Tia Luiza viu, na UTI.

Felizmente cheguei a tempo de me despedir dela, lúcida. Ledinha, minha mulher, e eu fomos os últimos a vê-la viva.

O melhor momento da entrevista com o presidente foi quando perguntei a ele se estava arrependido da operação que permitiria sua reeleição, denunciada pela *Folha de S.Paulo* como fruto de compra de votos.

— Compra de votos para o seu jornal — respondeu FHC.

— O jornal não é meu, presidente — devolvi, e chamei o intervalo.

Ele riu e comentou, fora do ar:

— Eu nem queria ser candidato de novo, mas se não eu, quem?

— Talvez o Serra — cogitei.

— Mas o Serra não se elegeu nem prefeito, vai se eleger presidente? — FHC treplicou.

— Uai, o senhor também não se elegeu prefeito e está aí!

Ouviu-se uma gargalhada na sala. Vinha da discreta, fidelíssima e franca porta-voz de Fernando Henrique Cardoso, sua leal escudeira durante anos a fio, Ana Tavares de Miranda.

— Bem feito! — ela exclamou.

Voltei a encontrá-lo em 2002, num pequeno grupo, quando ele assinou a Medida Provisória que encaminhou a Lei da Moralização do Esporte, e mais não sei quantas outras vezes por sermos vizinhos, em prédios frente a frente. Numa dessas ocasiões agradeci o convite para sua festa de oitenta anos e avisei que não iria comparecer para evitar o constrangimento de me deparar com José Serra e Aécio Neves, dos quais quero distância. Do primeiro pela ganância, política e pessoal, desmedida; do segundo, por motivos já mencionados aqui. FHC bateu no meu ombro e disse com sorriso maroto:

— Você faz muito bem.

Com Lula, a história é quase uma década mais recente do que a primeira vez que estive com FHC, porém, pela personalidade dele, até mais intensa.

Nos conhecemos em 1979, durante a famosa greve dos metalúrgicos do ABC por ele comandada. Diretor do Sindicato dos Jornalistas, fui um dos designados para acompanhar o movimento, pois era também um dos responsáveis pelo jornal *Unidade*, de nossa entidade.

Impossível conhecê-lo de perto e não gostar dele. Sedutor, bem-humorado, informal, liturgia zero. Estava em sua pequena casa em São Bernardo, às vésperas do Primeiro de Maio de 1979, quando se discutia se ele deveria ou não ir à missa na catedral da cidade e, depois, ao estádio da Vila Euclides, onde haveria festa e discursos. Temia-se a prisão de Lula, diante da decretação de ilegalidade da greve. Ele mesmo estava em dúvida, quando a historiadora da arte Radha Abramo pediu a palavra, já de madrugada na sala esfumaçada, e sentenciou:

— Lula, o trem da História só passa uma vez na porta da casa da gente. Não deixe de tomá-lo.

Lula tomou.

Quando se elegeu presidente, me telefonou, inesperadamente, e me convidou a ir encontrá-lo no QG da campanha petista. Ao entrar em seu gabinete, fui recebido por ele de gravata, e com um pedido.

— Juquinha, me chama de presidente — disse, e soltou uma gargalhada.

Lula queria um projeto para o esporte brasileiro, e me pediu que reunisse um grupo para escrevê-lo e entregá-lo ainda antes de sua posse. Eu lhe disse que provavelmente não faltariam propostas do PT, que até arriscaria um número, 27, uma de cada PT estadual. Ele insistiu que não, que já havia mandado verificar, e que queria que eu tratasse do tema.

Assim foi feito. Durante 25 dias um grupo composto de, entre outros, Ana Moser, Bebeto de Freitas, José Luiz Portella, José Trajano, Magic Paula, Raí, Sócrates, Wladimir e eu se reuniu para formular as ideias básicas de uma política de esportes para o Brasil, fundamentalmente voltada para a inclusão social por meio da atividade física, sem tratar de esportes de competição, inspirada pelo que está no artigo 217 da Constituição de 1988, qual seja, o que trata do esporte como direito do cidadão e obrigação do Estado.

O projeto foi entregue a Lula solenemente antes de sua posse e por ele passado para seu primeiro ministro do Esporte, então no PCDOB, Agnelo ("cordeiro", em italiano) Queiroz, que jamais o tirou da gaveta, e cometeu tantos malfeitos quando já governador do DF, pelo PT, que foi diversas vezes condenado por improbidade administrativa, e teve os direitos políticos cassados por oito anos, e até preso foi pelos desvios no Estádio Mané Garrincha.

Depois, o presidente me convidou para a cerimônia de assinatura do Estatuto do Torcedor, aprovado ainda sob FHC mas lei sancionada por Lula.

A última vez que estive com ele como presidente foi em maio de 2005, quando o então ministro-chefe da Casa Civil, José Dirceu, chamou a Sócrates e a mim para conversarmos com Lula sobre a Timemania, uma loteria que o governo queria criar para ajudar a pagar a dívida dos clubes, bobagem inventada por Agnelo. O encontro foi no escritório da Presidência da República, na avenida Paulista. Lula viera a São Paulo para participar da festa de cinco anos do jornal *Valor Econômico*.

Reunimo-nos Lula, Gilberto Carvalho, José Dirceu, Sócrates e eu, numa tarde de segunda-feira, e o presidente bateu o martelo que a Timemania seria apresentada como projeto de lei, não como MP, embora o seu ministro do Esporte estivesse convidando os clubes de futebol para a assinatura como MP dois dias depois. Tanto Sócrates quanto eu tínhamos a mesma opinião: não havia urgência alguma, e era preciso debater a questão e exigir contrapartidas no modelo de gestão para dar sentido à loteria. Ao sair da reunião, passei a notícia para o *Lance!*, dei ao vivo a informação no *Jornal da Cultura* e fiz a abertura do *Cartão Verde* saudando a decisão.

Naquela mesma noite, quando entrei em casa por volta das 23h30 vindo da TV Cultura, o redator-chefe do diário me telefona e pergunta se eu tinha visto que o *Jornal da Globo* anunciara a assinatura da MP da Timemania para quarta-feira e se deveria mudar a notícia. Cheguei a me irritar com ele:

— Faça como quiser. Eu passei duas horas com o presidente e ouvi dele, mas, se você acha que a Globo é quem está certa, tudo bem.

O redator se desculpou, disse que era apenas um cuidado, e "boa noite".

Na quarta-feira Lula assinou a Medida Provisória... Macunaíma não faria melhor.

Tempos depois escrevi uma coluna cujo título foi "Lula, o cartola", porque ele havia se deixado seduzir completamente pela cartolagem.

Nunca mais nos vimos até que, em novembro de 2013, ele pediu uma reunião com um grupo pequeno de jornalistas da ESPN Brasil para tratar da Copa do Mundo, que aconteceria dali a poucos meses. Em minha casa, Antero Greco, José Palomino, José

Trajano, Paulo Calçade, Paulo Vinícius Coelho e eu recebemos o ex-presidente para almoçar. Na entrada, ainda em pé, perguntei-lhe qual seria a forma de tratamento:

— Presidente, senhor, Lula, você?

— Lula — ele respondeu.

Diante disso, lhe fiz a segunda pergunta:

— Lula, para deixar tudo bem claro desde logo, por que você me disse uma coisa e fez outra no episódio da Timemania?

— Porque, entre ser FDP com um meu ministro e ser com você, fui com você. Depois você foi FDP comigo ao me esculhambar. Pronto, empatou.

Lula, então, começou uma conversa de cerca-lourenço que culminou com o pedido para deixarmos de ser tão críticos em relação à Copa do Mundo. Como logo percebeu que não seria bem-sucedido, mudou de assunto, para sondar nossa opinião a respeito da candidatura de Andrés Sanchez à presidência da CBF; levou outro rápido banho de água fria. Passou então a contar casos vividos na Presidência e na campanha eleitoral, e quase nos matou de rir.

Antes de ir embora, comentou que a campanha que viria em 2014 estava toda errada, porque os segundos de cada partido, e não os primeiros, eram os candidatos à Presidência. Como é?

— Veja, entre os tucanos, o candidato é o Aécio e deveria ser o Serra. No PSB é o Eduardo e tinha que ser a Marina. E no PT...

Mais não disse, e nem precisava.

Enfim, Dilma Rousseff.

Só nos conhecemos meses antes da Copa do Mundo, num jantar que a presidenta ofereceu a cerca de dez jornalistas no Palácio da Alvorada, como já contei. Amiga de meu irmão Beto, que mora há décadas em Porto Alegre (ambos foram militantes do pdt), por diversas vezes disse o nome dele ao se dirigir a mim. Foi simpaticíssima.

Tempos depois, pediu uma conversa reservada para falar sobre a Profut, uma nova lei que tratou outra vez da dívida dos clubes mas, então, com exigências de contrapartidas, pois a Timemania dera com os burros n'água como seu inventor. A encontrei na sala da Presidência, no Palácio do Planalto, para uma reunião de 45 minutos que durou duas horas e meia e que tive de interromper para não perder o voo de volta.

Na conversa, Dilma perguntou quanto os clubes deviam e eu respondi que ninguém sabia exatamente, que era coisa entre 4 e 5 bilhões de reais. Ela então ligou para o secretário da Receita Federal, Jorge Rachid, e a conversa entre os dois foi engraçada.

— Meu querido, qual é o tamanho da dívida dos clubes de futebol? Eu não quero saber que clube deve e quanto. Quero que você me diga assim: clube 1 deve tanto, clube 2 deve tanto, clube 3, e assim por diante. No fim, faz uma sominha, né, meu querido?

Dizer o que dela? Que a Dilma pública não tem nada a ver com a Dilma em particular.

Voltamos a nos ver apenas mais uma vez, num almoço em sua homenagem, na casa do professor Rogério Cerqueira Leite, em Campinas.

Com Michel Temer, assim como com os generais golpistas, jamais estive pessoalmente. Mas tive, ao menos, o prazer de cortá-lo num dia em que telefonou para tentar corrigir uma notícia que eu dera.

Ele era presidente da Câmara dos Deputados, e só permitira que a cpi da cbf-Nike viesse à luz depois que o Senado instalou a cpi do Futebol, embora os trâmites entre os deputados fossem anteriores. Repleto de evasivas melífluas, quis me convencer do contrário, até perceber que iria se dar mal porque eu tinha o passo a passo dos trâmites.

Cansado da lenga-lenga temeriana, despedi-me com um seco boa-tarde e desliguei.

Gosto de lembrar disso.

Epílogo: Confesso que perdi

Sabe o Forrest Gump, cheio de histórias para contar, sobre deus e todo mundo? Pois andei me sentindo como ele, e até tomando cuidado para não passar por mentiroso.

A três anos dos setenta, dei-me conta de que, dos brasileiros que gostaria de ter conhecido mais de perto, desde a metade do século passado, só faltou o dr. Ulysses Guimarães, com quem estive duas vezes sem trocar palavra, em meio a muita gente.

No mundo da política, da cultura e, é claro, do esporte, em quase cinquenta anos de profissão, tenho histórias para contar de incontáveis personagens; e, numa sala em conversas informais, é bom parar na segunda porque, na seguinte, você já correrá o risco de ser chamado de mitômano.

Pois eis que, ao contar umas poucas dessas passagens numa entrevista para o UOL, despertei a curiosidade de Luiz Schwarcz, meu velho amigo, e único, por sinal, com apenas uma vogal no sobrenome. "Temos aí um livro de memórias", escreveu-me ele.

Lula, como o chamo, editou meu primeiro livro, de bolso, pela Brasiliense, *A emoção Corinthians*, da coleção Tudo É História, em 1983. Ele nem se lembra, mas sei que foi também o primeiro livro de autor novo sob sua responsabilidade. Pois agora, provavelmente, editará o último livro de um autor velho.

De início, relutei, por achar que ninguém estaria interessado em minhas memórias, mas, se você estiver lendo estas palavras, é porque, ao menos, houve um interessado. Muito obrigado.

Relutei, mas topei. Entre outros motivos porque Matinas Suzuki sacou do coldre o argumento de Otto Lara Resende sobre a importância dos testemunhos, do memorialismo, nem bem começara o almoço a que fui disposto a demovê-los, Lula e ele, da ideia.

Sim, Suzuki-san, outro querido amigo que me contratou para ser colunista da *Folha de S.Paulo*, em 1995, quando deixei para trás 25 anos de Editora Abril, não esperou que eu acabasse de me justificar: abriu a biografia de Walter Clark e leu o trecho do prefácio escrito por Otto.

Sempre tive enorme dificuldade em dizer não. Disse sim para mim mesmo, e uma semana depois estava na Companhia das Letras, onde a moça da portaria perguntou:

— O senhor é de empresa ou autor?

Orgulhoso, respondi:

— Autor!

Preferi não entrar em detalhes de minha vida pessoalíssima, de como tenho quatro filhos de três mães diferentes, e duas netas que me fizeram largar o cigarro e abandonar a vida sedentária, indutoras de meu rejuvenescimento.

São cinco as frases que me orientam: "Imprensa é oposição, o resto é armazém de secos e molhados" e "Quem se curva diante dos opressores mostra o traseiro para os oprimidos", ambas de Millôr Fernandes; "Viver é muito perigoso", de Guimarães Rosa; "Não há derrotas definitivas para o povo", de d. Paulo Evaristo Arns; e "Desesperar jamais!", de Vitor Martins, parceiro de Ivan Lins.

Contei aqui o que vi com meus olhos, e contei do meu jeito mais de meio século de futebol, outro tanto de vida política e de jornalismo, a paixão que, sem perceber, tomou conta de mim e me levou a ser o derrotado mais feliz do mundo.

Derrotado, sem dúvida, porque nem o Brasil, nem o futebol brasileiro, nem o jornalismo tupiniquim são hoje a coroação de meus sonhos de juventude.

Derrotado porque, como dizia o grande Darcy Ribeiro, sinto orgulho de minhas derrotas e morreria de vergonha se estivesse ao lado dos vencedores.

Derrotado porque, apesar de profissionalmente vitorioso, por jamais ter transigido em meus princípios e de ter um padrão de vida que nem sequer sonhei ao começar a carreira de jornalista, e de vitorioso pessoalmente, por causa das pessoas que me cercam, vivo num país infeliz e injusto e que, no que se refere ao futebol, poderia ser a NBA desse esporte mas é apenas exportador de pé de obra.

Minha geração não cumpriu o papel que dela se esperava no Brasil redemocratizado. Por mais que o país seja melhor hoje do que trinta anos atrás, continua sendo essencialmente excludente, violento, feito para uma minoria que vive como belgas e uma maioria que vive como indianos, a tal "Belíndia", segundo o economista Edmar Bacha, ex-presidente do IBGE e do BNDES.

As Diretas Já deram em Collor, o professor FHC comprou sua reeleição, o metalúrgico Lula e a guerrilheira Dilma permitiram que a corrupção seguisse seu curso secular, e estamos aí, sempre à espera de que o gigante acorde, impávido colosso.

Tamanha miséria só poderia produzir cartolas cujas cabeças servem apenas para equilibrá-las e arquitetar tramoias. Clubes popularíssimos e pobres; federações impopulares e ricas, ou melhor, com presidentes ricos, os quais, apesar de terem sido denunciados, sobreviveram e sobrevivem, enquanto o nosso futebol definha.

Ora, não há como negar que perdeu quem lutou por um Brasil decente e por um futebol bem gerido nos últimos quarenta anos. Perdeu, e perdeu bem perdido. Em quantos não acreditamos tanto e depois nos decepcionamos?

Gosto de pensar que daqui a um tempo poderei atualizar minhas derrotas, quem sabe com algumas outras vitórias. Se não puder, paciência. Porque, acredite, valeu! Ao menos acho que fiz a minha parte até agora, e, embora a desgraça dos que denunciei seja insuficiente, eu posso, ao contrário de muitos deles, ir aonde eu quiser, livre, leve e solto.

E, como sou um eterno otimista, dou um ponto-final aqui com a certeza de que não há derrotas definitivas para o povo, porque, como ensinou d. Paulo Evaristo Arns, se a vitória final ainda não aconteceu, é porque a História continua.

Créditos das imagens

pp. 1, 2, 3 (acima), 4 (acima), 8 (abaixo) e 9 (abaixo): Acervo pessoal do autor

pp. 3 (abaixo), 4 (abaixo), 8 (acima), 9 (acima), 12, 14, 15 e 16: Acervo pessoal do autor/ Reprodução de Renato Parada

p. 5: Irmo Celso/ Abril Comunicações S.A.

p. 6 (acima): Placar/ Edição 648/ Abril Comunicações S.A./ Reprodução de Renato Parada

p. 6 (abaixo): Placar/ edição 727/ Abril Comunicações S.A.

p. 7: Ronaldo Kotscho/ Abril Comunicações S.A.

p. 10: Acervo pessoal/ Instituto Ayrton Senna

p. 11 (acima): Nico Esteves/ Abril Comunicações S.A.

p. 11 (abaixo): Luizinho Coruja/ Abril Comunicações S.A/ Reprodução de Renato Parada

p. 13: Orlando Kissner/ Abril Comunicações S.A.

ESTA OBRA FOI COMPOSTA EM MINION PELO ACQUA ESTÚDIO E IMPRESSA
PELA LIS GRÁFICA EM OFSETE SOBRE PAPEL PÓLEN SOFT DA SUZANO
PAPEL E CELULOSE PARA A EDITORA SCHWARCZ EM SETEMBRO DE 2017

A marca FSC® é a garantia de que a madeira utilizada na fabricação do papel deste livro provém de florestas que foram gerenciadas de maneira ambientalmente correta, socialmente justa e economicamente viável, além de outras fontes de origem controlada.